KB205965

교회 개척 사용 설명서

세움북스는 기독교 가치관으로 교회와 성도를 건강하게 세우는 바른 책을 만들어 갑니다.

동네 교회 이야기 시리즈 7

교회 개척 사용 설명서

맨땅에 헤딩하지 않는 교회 개척 노하우

초판 1쇄 인쇄 2024년 9월 5일
초판 1쇄 발행 2024년 9월 9일

지은이 | 원지현
펴낸이 | 강인구
펴낸곳 | 세움북스

등 록 | 제2014-000144호
주 소 | 서울시 종로구 대학로 19 한국기독교회관 1010호
전 화 | 02-3144-3500
이메일 | cdgn@daum.net

교 정 | 김혜지
디자인 | 참디자인

ISBN 979-11-93996-15-7 (03230)

동네 교회 이야기 시리즈 7

교회 개척 사용 설명서

원지현 지음

맨땅에
헤딩하지 않는
교회 개척
노하우

세움북스

추천사

어느 해 여름 휴가 때 주일 예배 시간에, 제 아내와 함께 연락도 없이 저자의 개척 교회를 방문 했었습니다. 대학과 청년 시절, 부부 두 사람이 제가 섬기는 교회에 출석하여 훈련받고 섬겼던지라 교회에 개척 식구는 얼마나 있는지, 후원받는 재정은 얼마나 되는지, 생활은 어떻게 하는지 늘 궁금했고, 이런 것들이 우리의 기도와 관심 속에 있었습니다. 예배 처소는 주일만 빌려서 예배 드리는 공간이었고, 식구들을 포함해서 몇 안 되는 사람이 모여 있었습니다. 그러나 찬송은 뜨거웠고 예배는 은혜스러웠습니다. 그곳에서 영혼 구원을 위해서 겨자씨 같은 복음을 뿌리는 믿음의 사람을 통해 땅 위의 한 교회를 세워 가시는 하나님을 만날 수 있었고, 그 뒤로 염려하는 기도가 아니라 감사의 기도가 되었습니다.

이 책은 개척자가 개척을 준비하고, 개척하고서 좌충우돌 몸과 마음으로 부딪히고 느끼며 고민하면서 교회를 세워 가는 준비와 절차를 잘 정리하여 기록해 놓은 책입니다. 실은 저도 개척하려는 후배들에게 늘 조언하고 같이 고민했던 내용들이라 반가웠습니다. 저자가 개척하면서 당했던 많은 고민과 갈등과 고생의 발자취를 엿볼 수 있고, 뒤를 이을 개척자들에게 도움을 주고자 하는 따뜻하고 간절한 마음을 느끼게 됩니다. 저자에게 고마움과 감사의 마음을 표합니다.

이 땅 위에 세워지는 한 교회는 하나님의 은혜와 개척자의 믿음의 헌신과 교단의 행정적인 절차를 따라서 세워져 갑니다. 이《교회 개척 사용 설명서》는 개척을 준비하는 동역자들에게 개척의 네비게이션이 되어 고민과 갈등의 길을 평안하며 빠른 바른길로 인도할 줄로 확신합니다.

유연수 _ 목사, 학교법인 고려학원 이사장

이 책은 좀 더 일찍 나왔어야 했습니다. 개척 전 이런 책을 통해 개척 준비, 진행, 노하우를 제대로 배웠어야 했습니다. '타산지석(他山之石)'이라는 말이 있습니다. 타인의 산에 있는 돌멩이라도, 자신의 산에 있는 옥돌을 가는 데 사용할 수 있다는 뜻인데요.《교회 개척 사용 설명서》를 읽고 덮은 뒤 이 사자성어가 떠오르더군요.

저자는 개척하고서 교회를 세워 가는 중 좌충우돌했습니다. 그러나 수많은 경험은 개척하는 독자, 창업하는 독자, 새로운 무엇인가를 하는 독자에게 다양한 인사이트를 주고 있습니다. 요즘 같은 시대에 개척은 더욱 어려운데요. 먼저 개척의 길을 간 개척자를 통해 개척의 청사진, 목회의 큰 숲과 나무를 볼 수 있어 참 좋습니다.

처음 책을 읽을 때는 교회 개척 '설명서'인 줄 알았는데, 읽으면 읽을수록 목회와 나그네 인생길의 가이드북 같았습니다. 개척을 하려는 목회자에게도 필요한 책이지만, 하나님을 바라보면서 어떻게 목회해야 하고, 혹 참된 공동체를 꾸려 가려면 어떻게 해야 하는지 배우고자 하는 독자에게 이 책의 일독을 권합니다.

김영한 _ 품는교회 담임목사 및 Next세대Ministry 대표

개척을 꿈에도 생각하지 않은 제가 개척을 하게 되었습니다. 최대한 적은 비용으로 개척하라는데 매우 난감했습니다. 그래서 공간을 얻는 데 최대한 적은 비용을 쓰기 위해 share(공유) 하는 장소를 찾았지요. 하지만 주일만 사용하는 비용도 만만치 않았습니다. 그러다가 지인 동생에게 연락이 왔습니다. 영도에 고신 측 교회가 예배당을 공유해 준다는 것이었습니다. 몸만 들어가면 된다고, 담임목사님을 만나 보라고 했습니다. 그렇게 해서 만난 분이 바로 이 책의 저자 원지현 목사님이십니다.

저자와 두 번의 만남을 통해, 사역하면서 받은 상처가 다 회복되었습니다. 그리고 저자의 따스함에 이곳에서 개척해도 괜찮겠다는 감동이 밀려왔습니다. 그렇게 해서 제가 시무하는 흰여울교회가 개척되었고, 올해로 3년째 일상으로교회와 사역을 함께 하고 있습니다. 저자는 개척의 선배로서 많은 것을 알려 주셨습니다. 교회의 정체성, 교회 CI, 교회 고유번호증 발급받기, 기부금 영수증 발급하기, 종합소득세 신고하기 등. 무엇보다도 아내랑 친해지라는 당부를 하시면서 멘토로서 섬겨 주셨습니다.

본서는 개척을 시작하는 목회자에게 필요한 모든 것들을 다 담아낸 책입니다. 이 책은 신학교에서도 다루어져야 할 내용들이 많습니다. 개척 현장에서 좌충우돌하면서 몸소 깨닫고 체험한 내용이기에 필독서가 되어야 한다고 생각합니다. 그래서 개척을 준비하거나 개척한 지 얼마 되지 않은 목회자라

면, 꼭 읽어 보시기를 당부드립니다. 또한 기회가 된다면 저자인 원지현 목사님을 만나 보시기를 권합니다. 저자의 개척 스토리를 통해 많은 위로와 도전을 받을 것입니다. 그동안 옆에서 지켜보고 배운 사람으로서 강력히 추천하는 바입니다.

정민교 _ 흰여울교회 담임목사, ALMINISTRY 대표, 《빛 가운데로 걸어가면》 저자

프롤로그

"개척 필망"이라 부르는 시대이다. 열 개의 교회가 개척하면 열한 개의 교회가 문을 닫는다고 한다. 개척을 한다고 하면 축하하고, 격려하기보다는 왜 그 어려운 길을 선택하냐며 걱정부터 한다. 우리 주위에서 들려오는 이야기는 대부분 부정적인 내용들이다. 이런 소리는 개척 교회 목회자들을 더욱 절망하게 만든다. 그럼에도 불구하고 주위에서 개척을 하겠다 말하는 목회자들을 본다. 마치 불나방이 개척이라는 불속으로 뛰어드는 것처럼 보인다. 하지만 이들의 불타는 교회 개척의 열정은 하나님께서 목회자들의 마음에 심어 주신 사명임이 틀림없다.

사실 교회가 넘쳐 나는 시대에 또 하나의 교회를 개척할 필요가 있냐고 반문하는 사람도 있다. 하지만 또 하나의 교회가 아니라 하나님의 소원을 품고 그 소원을 이루어 가는 교회가 세워지는 것이다. 나는 개척에 대한 전문가도 아니고 신학적 지식이 뛰어난 사람도 아니다. 단지 한 걸음 먼저 가본 사람이 뒤따라 오는 사람들에게 먼저 걸어간 한 걸음에 대해서 말할 뿐이다. 그래서 내가 좌충우돌하며 걸어온 발걸음이 그들이 내딛는 첫 걸음에 도움이 되길 바라는 마음이다.

나는 좌충우돌하면서 한 걸음 한 걸음 걸을 때 "지금 나는 바르게 가고 있을까?", "이 걸음이 맞을까?" 하는 생각이 들 때면 두렵기도 했다. 나는 열심만 가지고 하나님이 원하시지도 않는 일을 하고 있지는 않을까 불안하기도 했다. 하지만 지금 이 질문들에 하나님께서는 잘 가고 있다고 말씀하시는 것 같다. 위로하시고 격려하시는 것 같다. 지금까지 엄청나게 크고 위대한 일을 이루지는 못했지만 하루 하루 나의 일상을 순종하며 걸어왔고, 내일의 일상도 순종할 마음을 가지고 걸어갈 것이다. 나의 개척이 앞으로 개척을 시작하려는 분들의 길라잡이가 되고 개척의 길을 함께 가고 있는 동역자들의 힘과 위로가 되길 소망한다.

끝까지 지치지 말고 함께 갑시다.
우리가 교회를 만드는 것이 아닙니다.

우리가 교회를 세우는 것이 아닙니다.

우리의 삶을 통해서 하나님 나라를 살아 내는 중입니다.

우리를 통해서 하나님 나라가 증거되고 있습니다.

삶으로 살아 내는 모든 동역자들 힘냅시다.

2024년 8월
원지현

목차

1부
개척 교회 - 준비

교회
개척
사용
설명서

1장 _ 개척을 꿈꾸다

신대원 시절부터 형제처럼 지내는 동기 목사가 있다. 우리의 만남은 항상 사모님들과 함께하는 것이 당연해서 독수리 오형제의 이름을 본따 "독수리 사형제"라고 불렀다. 우리는 서로의 아픈 이야기, 기쁜 이야기를 허심탄회하게 나누는 사이다. 서로 만나면 사역의 희노애락을 이야기한다. 늘 긴장의 연속인 사역 중에 이 만남은 잠시 쉼을 주기에 우리는 자주 만나서 교제를 하는 것이 일상이 되었다. 칭찬받는 목회자의 삶은 화요일부터 주일까지 교회 사역에 온전히 매달리고, 월요일에는 잠시 시간을 내어 가정을 돌아보는 것이다. 그렇기에 우리는 두 가정의 아이들과 함께 초여름의 어느 월요일, 송정 바닷가에서 만났다. 송정 바닷가는 우리가 전세라도 낸 것처럼 한산하고 여유로웠다. 햇살도 좋고, 바람도 시원하게 불어오고, 아이들은 신나게 바다로 뛰어들어

물놀이와 모래놀이를 하느라 신이 났다. 우리는 그늘 막 텐트에서 초여름의 햇볕을 피해 커피 한 잔의 여유를 누리며 이런 저런 이야기들을 이어 갔다. 명확한 주제가 있는 것은 아니지만 그렇게 이야기를 이어 가는 것만으로도 힘이 되고, 회복이 되었다. 우리의 주제는 항상 교회에 대한 이야기로 가  득찼다. 그러다가 교회에 대한 생각과 고민을 나누면서 함께 개척을 해 보자는 이야기가 나왔다.

삼국지에 유비, 관우, 장비가 도원결의를 한 것처럼 독수리 사형제도 들고 있던 커피잔으로 우리가 꿈꾸는 개척을 다짐해 보았다. 그렇게 우리들의 개척 이야기는 시작되었다. 해변에 모래놀이를 하던 아이들은 집에 갈 시간이 되면 열심히 만들었던 모래성을 두고 떠난다. 독수리 사형제도 개척에 대한 이야기를 해변의 한 모퉁이에 놓아두고 집으로 돌아갈 것이라 생각했다. 그런데 '개척'이라는 단어가 우리들의 마음에 파도처럼 계속해서 부딪혀 왔다. 그날 이후 우리에게는 개척이라는 새로운 주제가 생겼다. 우리는 만날 때마다 개척 이야기로 설렘과 생기가 넘쳤다. 개척 이야기를 더 하고 싶어 자주 만나기도 했다. 하나님이 개척이라는 소원을 심어 놓으셨다는 것을 그때는 알지 못했다.

2장 _ 나는 어떤 교회를 꿈꾸는가?

나는 어떤 교회를 꿈꾸는가?

성경이 말하는 교회는 어떤 교회일까?

나는 어떤 교회를 하고 싶은가?

개척을 꿈꾸는 사람은 질문을 가지고 그 질문에 답을 찾는 시간을 보내게 된다. 그렇지 않으면 하나님이 꿈꾸시는 교회가 아닌 내가 꿈꾸는 교회가 될 수 있다. 저마다 교회에 대한 생각이 다르다. 중요하게 생각하는 것이 다르다. 자라 온 환경과 배경이 다른 것처럼 신앙 성장 배경도 다르다. 목회자의 사역 배경도 다르다. 이렇게 다양한 인생 여정을 통해 하나님께서 심어 놓으신 가치들이 생겨난다. 그 가치를 찾는 것이 내가 꿈꾸는 교회의 모습일 수 있다.

나는 많은 교회에서 사역하지 않았다. 하지만 몇 교회를 사역하면서 교회를 향한 안타까움과 나름의 의분이 내 안에 있었다. 강도사 시절 교회가 둘로 나누어지는 상황을 맞이하게 되었다. 그 모습이 지금도 선명하게 머리에 남아 있다. 당시 담임 목사님께 큰 잘못이 없었는데도 불구하고, 일부가 신학적인 문제가 있는 것처럼 문제를 만들기도 하고, 심지어는 예배를 방해하는 사건도 있었다. 어른들의 예배 방해 현장을 보고 중고등학생들 중에 충격을 받은 학생들도 있었다. 나 또한 그들의 모습이 도무지 납득이 되지 않았다.

그러다 교회가 둘로 나누어지게 되었고, 나는 담임 목사님을 따라 새롭게 세운 교회에서 사역을 시작했다. 이 문제는 노회에서도 논란이 되었다. 그로 인해 목사 안수에 문제가 생겼다. 나누어진 교회가 행정적으로 개척 설립 후 다시 청빙하는 기간까지 무임으로 처리되어 강도사 기간(당시 3년의 사역 기간)이 채워지지 않았다는 이유로 강도사 필요 기간을 채워 가을 노회에 다시 목사 안수를 받아야 했다. 하지만 "목사 안수 건"이 해결되지 않았다. 가을 노회에서 목사 안수를 받는 조건으로 현재 사역지를 연말까지 사임하고 이동해야 했다.

사역지를 이동해야 할 시간은 점점 다가오는데 사역지를 이동하는 것이 쉽지 않았다. 그러한 상황을 아시는 이전 사역지 담임 목사님 추천으로 사역지를 이동할 수 있었다. 이동한 교회는 바로 앞의 교회와 정반대의 상황인 교회였다. 교회가 분리되어 남은 성도들이 있는 상황이었다. 거기서 남은 성도들의 아픔과 상처를 보았다. 솔직하게 말하자면 혼란스러웠다. 무엇이 옳고 무엇이 그른 것일까? 내 눈에 보이던 것이 전부가 아닐 수도 있겠다고 생각되었다. 사역을 통한 경험들이 나로 하여금 성경이 말하는 바른 교회, 바른 신학, 바른 신앙에 대한 열망을 크게 만들었다.

나는 목공하는 것을 좋아한다. 그래서 첫째 딸이 초등학교에 입학 할 때 책상과 의자를 만들어 주고 싶은 로망이 있었다. 나는 학교에 입학하는 첫째 딸과 둘째 딸의 책상과 의자를 만들기로 했다. 치수를 정해서 도면을 그리고, 목재소에서 나무를 재단해 왔다. 아이들은 궁금한 듯 바라보며 무엇을 하려고 하는지 기대를 갖고 신기해 했다. 나무들만 보면 무엇을 만들려고 하는지 알 수 없다. 틀을 만들고, 상판을 올리고, 다리를 만들어 붙이면서 점차 내가 만들고자 한 책상이 되어 간다. 그리고 마침내 페인트칠을 하면 책상이 완성된다. 우리의 개척 이야기도 이와 같다. 처음에는 어떤 쓰임인지 알 수 없는 나무들처럼 수많은 생각들과 고민들의 연결고리가 모인다. 이것이 하나씩 엮어져 비로소 내가 꿈꾸던 교회의 모습이 되어 간다.

3장 _ 모델을 찾아 나서다

| 1. 독서를 통해서 |

내가 다녔던 신학대학원은 2학년 때까지 신·구약 성경 시험을 통과해야 3학년으로 진급할 수 있었다. 또 히브리어, 헬라어 시험을 통과해야 졸업을 할 수 있었다. 감사하게 우수한 성적은 아니지만 무난히 졸업할 수 있었다. 나는 실천신학 분야에 관심이 있었다. 이유는 교회 사역이 재미있고, 내가 맡은 부서가 부흥하는 것이 좋아서였다. 그래서 어떻게 하면 부서 학생들 눈높이에 맞는 설교를 할지, 교사 교육을 어떻게 해야 할지, 청소년 사역을 어떻게 해야 할지, 청년 사역을 어떻게 하면 지금보다 더 부흥할 수 있을지에 관심이 있었고 그와 관련된 책

들을 많이 읽었다. 그리고 설교를 위한 주석이나 강해집 등의 책도 많이 읽었다. 철저하게 실용적이고 실제적인 책들만 구입했다. 하지만 신학적 고민과 성찰, 교회에 대한 근본적 물음을 던지는 책들은 책꽂이에 장식용처럼 꽂혀 있었다.

그런데 개척을 꿈꾸고 성경적 교회, 바른 신학에 대해 고민이 생겼다. 내가 보던 책에서는 그런 주제가 등장하지 않았다. 그렇다고 어떤 책들을 읽어야 답을 얻을 수 있을지도 몰랐다. 당시에는 오직 실전 위주의 사역에만 몰두했다. 그래야 사역을 잘하는 것이라 생각했다. 그렇게 길을 찾지 못해 답답해하던 중 당시 청년부 집회 강사로 모신 분이 〈일상사역연구소〉 지성근 목사님이었다. 목사님의 강의를 듣는 동안 그 강의가 꼭 나에게 하시는 말씀 같았다. 고민하던 부분들에 길이 보이기 시작했다. 짜릿한 한 방이 아닌 일상의 영성, 일상의 믿음이 나에게 신선한 충격이고 도전이었다.

그리고 선교적 교회에 대해 소개받게 되었다. 그때부터 선교적 교회에 관한 책을 읽기 시작했다. 책을 읽는데 얼마나 가슴이 뜨거워졌는지 모른다. 책에서 이야기하는 교회를 꿈꾸며 열망하게 되었다. 그렇게 책을 통해 앞서 말한 독수리 사형제가 꿈꾸는 교회를 조금씩 만들어 가고 있었다. 우리는 모두 동일하게 평범한 일상을 살아가는 그리스도인을 꿈꾸고 있었다. 그때쯤 〈일상사역연구소〉에서 "선교적 교회 컨퍼런스"가 있었다. 현장 모임도 있고, 유튜브로 참여할 수 있었다. 컨퍼런스에는 선교적 교회에 대한 다양한 사례 발표가 있었다. 발표에서 나에게 큰 인상을 주었던 분들이 몇 분 계셨는데, 그분들의 목회 현장을 직접 체험해 보고 싶었다.

| 2. 사람을 통해서 |

독수리 사형제는 공동체 교회를 꿈꾸며 함께 개척을 준비하고 있었다. 성경이 말하는 교회는 어떤 모습일까? 우리는 신약적 교회를 고민하며 자연스럽게 공동체적 삶을 살아가는 교회로 생각이 확장되었다. 공동체 교회를 단순히 제도적으로 만들어 가는 것이 아니라 우리가 먼저 삶으로 살아 내는 것을 통해 말하고 싶었다. 그래야 성도들에게도 공동체 교회, 공동체적 삶을 말할 수 있다고 생각했다. 그렇게 모델을 찾는 여정이 시작되었다.

첫 번째 만남, 가장 먼저 찾은 곳은 목공과 인테리어 사업, 공동육아,

그리고 마실 나갈 수 있는 거리에서 함께 살아가는 공동체인 '잇다 공동체'였다. 일면식도 없이 SNS로 메시지를 보내고 무작정 찾아갔지만 시간을 내어 따뜻하게 맞아 주셨다. 잇다공동체는 행정 구역은 경주이지만 포항과 경주의 경계에 위치해 있었다. 서너 번 찾아가서 그분들의 이야기를 듣고 보며 궁금한 것을 물어보기도 했다. 우리가 만들고 싶었던 공동체적 삶을 직접 보면서 우리가 꿈꾸는 개척 교회의 청사진을 그려 보기도 했다.

두 번째 만남, 목사님 가정에서 예배하는 개척 교회였다. 목사님 가정이 생활하시는 공간에서 주일만 거실에 둘러앉아 20-30명 정도가 예배를 드렸다. 특이하기도 하고 신선한 것은 성도 스스로 주일 말씀을 묵상하고 연구해서 나누었다. 성도들이 말씀의 우물을 스스로 길어 먹고 목사님은 가이드만 하셨다. 그때 목사님은 지금의 모습이 정답이 아니라 어쩔 수 없이 이런 형태로 예배를 드리고 있다고 하셨다. 실제로 이 교회는 몇 년 뒤 선교 단체 사무실을 예배 처소로 사용했고, 여전히 독립된 공간을 소유하지 않고 공간에 들어가는 재정을 보다 다양한 사역에 사용하고 있다.

세 번째 만남, 목사님 가정이 생활하는 공간이지만 예배를 위해서 거실과 부엌 등에 최소한의 가구만 배치해 예배하는 공간으로 유지하는 교회였다. 이런 형태의 교회가 된 것은 예배당과 사택 모두의 높은 임대료를 감당하기 힘들었기 때문이었다. 하나의 대안적인 형태로 가정에서 예배하는 교회 모습이었다. 이 교회는 울타리 공동체를 중요한 가치로 여기고, 교회에 소속된 성도에게만 집중하는 교회였다. '교회가 누구는 받아들이고 누구는 배척하나'라고 생각할 수 있겠지만, 작은 교회의 성도들이 가장 힘들어 하는 부분은 쉽게 공동체가 되었다가 그 공동체가 또다시 쉽게 와해된다는 것이다. 이 교회는 어떻게 보면 소극적으로 보이지만 공동체의 기준을 정함으로 성도의 자긍심도 높이고 성도를 보호하는 역할을 하고 있었다.

네 번째 만남, 이 교회도 목사님의 사역과 가치를 듣고 싶어 목사님께 SNS를 통해 연락을 드리고 부산에서 화성까지 찾아가 만남을 가졌다. 교회로 가는 엘리베이터에 붙어 있는 교회 소개에는 페어라이프센터, 사회적 협동조합, 마음 서재, 공정 무역 카페, 작은 도서관 등 생소한 단어들이 많이 등장했다. 처음 가지는 만남이었지만 목사님께서 교회 이곳 저곳을 보여 주시고 설명해 주셨다. 개척을 생각하고 있다고 하니 여러 가지 현실적인 부분에 대한 이야기와 기도 제목들, 구체적인 방향을 제시해 주심으로써 확장된 사고를 할 수 있도록 조언해 주셨다.

그러다가 목사님의 첫 질문이 나의 뒤통수를 한 방 제대로 때렸다. "오늘 목사님이 사역하는 교회가 그 동네에서 없어지면 동네 주민들이 뭐라고 할까요?"였다. 한 번도 생각해 본 적 없는 질문이었다. 이 질문은 통해 교회가 지역을 어떻게 섬기고 사랑을 전해야 하는지 돌아보게 되었다.

다섯 번째 만남, 화성에서 사역하시는 지인 목사님께 연락을 드렸다. 목사님도 개척하신 교회를 건강하게 세워 가고 계셨다. 교제를 하며 목사님의 개척 이야기를 들었다. 성도마다 자라는 땅이 다르다. 이 교회에서는 어렵고 힘들어하는 성도가 다른 교회 가서는 신실한 일꾼이 되기도 한다는 것이다. 성도의 문제보다는 자라는 땅이 그 성도와는 맞지 않을 수 있다고 하셨다. 그래서 성도가 떠날 때는 다른 곳에서 신앙생활을 잘할 수 있도록 축복해서 보낸다고 하셨다. 그 말씀처럼 나도 성도가 떠날 때 최대한 축복하면서 보내려 노력한다.

4장 _ 교회 이름에 정체성과 가치를 담다

이스라엘 백성에게 이름은 자신들의 신앙 고백이다. 우리 자녀들의 이름은 내가 지었다. 첫째는 서진이다. 복음의 서진. 둘째는 서영이다. 복음의 영광을 선포하는 자. 셋째는 서율이다. 복음의 말씀을 선포하는 자이다. 셋 다 선교적 삶을 살아가길 소망하는 우리 부부의 신앙 고백을 담고 있다. 이처럼 이름에는 정체성과 가치가 담기기 때문에 이름을 결정하는 것은 너무나 중요하다.

그러니 교회의 이름을 짓는 것도 중요하다. 교회 이름을 짓기 위해서 1년이상 고민하며, 교회 비전과 목회 철학을 담기 위해 독수리 사형제는 만날때마다 토론하며 가치를 찾아갔다. 그러던 어느 날, 여느 때와 같이 두 가정이 함께 차를 타고 이동하면서 교회 이름에 대한 이야기

를 하고 있었다. 그러다 창밖을 보는 순간 눈에 "봄여름가을겨울"이라
는 아파트 이름이 눈에 들어왔다. 그래서 봄여름가을겨울교회, 사계
절교회, 날마다교회, 매일교회 하면서 이야기를 이어 가다 일상교회,
일상으로교회가 완성되었다.

"일상으로교회"의 정체성과 가치는

일상이 예배가 되고

예배가 일상이 되어

주일과 6일의 삶이 다르지 않고

일상에서 하나님의 은혜를 발견하고 동행하는 삶을 담고 있다.

그러니 일상으로교회는 주일이라는 하루에만 강조점이 있는 것이 아
닌 7일이라는 우리의 일상 전체에 강조점을 두고 그리스도인으로 살
아 내는 것에 초점을 두었다. 또한 우리 모두는 각자의 일상이 동일하
지 않고 고백하는 삶도 다르다. 그래서 각자 신앙 고백이 있는 일상을
살아 내자는 의미도 있다. 예를 들어 말씀이 일상으로, 찬양이 일상으
로, 기도가 일상으로, 교제가 일상으로, 능력이 일상으로, 섬김이 일상
으로…. 이렇게 일상에서 하나님의 은혜를 발견하며 살아 내자는 의미
를 담아 이름을 지었다.

5장 _ 교회 CI로 말하다

머릿속에 있는 것을 말로 풀어내는 것은 그나마 쉬운 것 같다. 그저 나의 머릿속에서 그려 본 교회를 열심히 설명하면 된다. 하지만 문제는 선명하지 않다는 것이다. 그래서 하나의 이미지로 교회의 의미를 담아내고 싶었다. 그런 작업을 CI(Corporate Identity)라고 한다. 개척 이후 교회 이름을 말하면 "일상의교회" 혹은 "일상으로의교회"로 부르시는 분들이 종종 있다. 그만큼 이름 자체도 익숙하지 않기에 교회의 방향성과 정체성을 한눈에 보여 주는 것이 중요했다.

처음에는 지인에게 CI 디자인을 부탁해 시안을 받았다. 그중에는 너무 난해한 것도 있었고, 익숙한 느낌의 것도 있었다. 그래서 "아~ 이거다!" 하는 게 없어 선뜻 고르지 못하고 있었다. 그러던 중 SNS를 보다가 마음에 쏙 드는 CI를 보았다. 예수님께서 교회를 품에 안고 계신 모습을 표현한 CI였다. 이것 하나만으로도 충분히 설명이 되는 것 같아 좋았다. 부교역자 때 디자인을 의뢰해 본 적이 있어서 CI를 만드는 데 드는 비용이 적지 않게 드는 것을 알고 있었다. 그런 비용을 감당하기에는 버거울 수도 있지만 이 디자이너에게 한번 의뢰해 보고 싶다는 마음이 너무 강하게 들었다. 그래서 연락처를 검색했는데, 알아낸 것은 이메일 주소 하나였다. 그렇게 교회 이름, 정체성과 가치, 제작비용 등을 문의하는 메일을 보냈다.

하지만 몇 주가 지나도 연락이 없었다. '그럼 그렇지! 한번 문을 두드려 보았으니 되었다'라고 생각하고 마음을 접으려 할 때쯤 CI 회사 직원이 보낸 메일을 보고 연락드린다며 한 통의 전화가 왔다. 본인은 믿음이 없어서 잘 모르는데 대표님은 신앙심이 깊으시다며 대표님이 재능 기부로 CI 작업을 해 주신다고 연락이 왔다. 대표님이 의뢰인을 직접 만나 미팅을 하자고 하셔서 대표님을 만나러 갔다. 부산에서 인천까지 향하는 먼 길은 기대와 설렘으로 가득한 가벼운 발걸음이었다.

대표님을 만나 목회 철학, 교회 비전, 교회의 방향성을 모두 나누고 일어서는데 대표님이 이렇게 말씀하셨다. "혹시 제 말이 교만하게 들릴 수 있겠지만, 백 퍼센트 만족하실 겁니다." 순간 이 자신감은 뭘까 생각했다. 말씀을 이어 가시며 "기업이나 개인 고객을 만나서 작업할 때는 디자인도 수차례 수정하고, 거절도 당합니다. 제 스스로 만족하지 못할 때도 있습니다. 하지만 하나님께서는 당신의 것을 너무 정확히 챙기십니다. 그래서 지금까지 교회에 관련된 일은 거절당한 적이 없습니다. 저도 작업할 때마다 만족하는 결과가 나옵니다." 이렇게 믿음의 고백을 하셨다. 그 고백을 듣고 일상으로교회 CI가 어떻게 만들어질까 부푼 기대를 안고 부산으로 내려왔다.

CI를 디자인하는 데 생각보다 오래 걸렸다. 대표님이 중간에 연락을 해서 "목사님 디자인은 다 되었습니다. 그런데 CI를 만들고 교회의 정체성과 가치를 소개할 수 있는 영상도 만들면 좋겠다고 생각되어 영상도 제작해 드리고 싶습니다"라고 하면서 한 달 정도의 시간을 달라고 하셨다. 이제 개척을 준비하는 목사가 시간에 쫓길 이유는 없었다. 당연히 기다릴 수 있다고 말씀드리고 생일을 기다리는 어린아이의 마음으로 한 달의 시간을 기다렸다.

교단 개척 훈련을 받고 있던 마지막 날, 연달아 몇 개의 카톡이 울리기 시작했다. 강의가 끝나고 조별 나눔 시간에 확인했더니 대표님께서

CI와 소개 영상을 보내오셨다. 대표님의 자신감 넘치는 고백처럼 교회 CI와 영상을 보면서 온몸에 전율과 감동은 말로 다 표현할 수 없었다. 하나님께서 주신 마음을 일상이라는 풍경으로 담아내신 것이 너무 좋았다. 그리고 "일상에서 숨은 보화를 찾다"라는 한 문장을 만들어 주신 것도 너무 감사했다. 그렇게 대표님께서는 완벽한 일상으로의 가치와 정체성을 담아 주셨다.

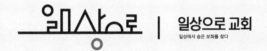

일상으로교회의 상징 마크는 일상이라는 삶에서 참 신앙생활을 개척하고자 하는 교회의 비전을 '숨겨진 보화'라는 새로운 가치를 담아 표현하였습니다. '일상으로'의 서체를 활용하여 일상을 상징하는 현 삶의 풍경을 표현하였으며 '상'의 받침인 'ㅇ'을 그 풍경 아래에 둔 것은 일상에 숨겨진 보화(예수님의 은혜)를 의미합니다. 전체적인 시각적 톤앤매너는 한폭의 예술작품과 같이 표현하여 교회의 위엄과 가치를 매력적으로 전달합니다. 일상의 숨겨진 보화를 의미하는 옐로우 색상은 보화이자 예수님을 닮아가는 성장을 의미합니다.

-CI에 대한 작가의 설명-

1장 _ 개척의 동기와 방법

처음부터 인적 물적 자원을 가지고 안정적으로 시작하는 분립 개척, 전문인이거나 이중직을 하면서 시작하는 자비량 개척, 불타는 사명감 하나로 시작하는 무작정 개척, 부르심을 거부하다가 강권적인 인도하심에 떠밀려 하는 개척, 연차는 되고 청빙은 받지 못해 최후의 선택지로 하는 개척, 개척에 대한 소망을 품고 준비해서 하는 개척 등 개척의 동기와 방법은 다양하다.

그렇다고 개척의 동기와 방법 중에 정답이 하나만 있는 것은 아니다. 하나님께서는 모든 상황과 환경을 통해서 일하시기 때문이다. 나는 개척에 대한 마음을 품고 충분히 준비하여 개척을 하려 했다. 나의 생각으로는 준비된 것 같았지만 언제 개척해야 하는지, 언제까지 꿈만

꾸고 있어야 하는지 고민이 많았다. 마음은 당장이라도 할 수 있을 것 같았다. 하지만 개척을 해야 할지 다음 사역지로 가야 할지 고민이 되었다. 그러다 한 교회에서 면접을 봤는데 담임 목사님께서 "저는 목사님이 저희 교회 오면 너무 좋겠습니다. 하지만 목사님은 개척 할 준비가 다 된 것 같습니다. 될 수 있으면 개척하세요"라고 말씀하셨다. 하지만 나는 마음으로 '아… 이게 무슨 상황일까?'라고 생각하며 계속 혼란스러웠다. 여전히 개척에 대한 막연함만 있었고 확신은 없었다.

사임하는 당일 마지막으로 면접을 봤던 교회에서 연락이 왔다. 부목사 청빙을 위한 당회를 해도 될지를 물으시는 담임 목사님의 전화였다. 아직 어떤 결정을 내려야 할지 몰라 사역자가 급하시면 다른 분을 청빙하셔도 된다고 말씀드렸다. 며칠 뒤 담임 목사님으로부터 다시 연락이 왔다. 사모님과 함께 식사하자고 하셨다. 담임 목사님과 사모님, 나와 아내 이렇게 면접 아닌 면접을 보았다. 우리는 목사님과 사모님께 이것 저것 궁금한 것을 물어보기도 하고 두 분의 이야기를 듣기도 했다. 사모님께서 한참 이야기하시다가 본인이 면접받는 느낌이라며 웃으셨다. 그러다 아내가 담임 목사님께 "목사님! 저희는 개척을 해야 할지 다음 사역지로 가야 할지 혼란스럽기만 합니다. 하나님께 연락할 수 있는 직통 전화기가 있으면 좋겠습니다"라고 했더니 목사님이 웃으시며 전화기를 들고서는 "저는 연락받았습니다"라고 대답해 주셨다. 그게 주님의 응답이었는지 우리는 사역지 이동을 결정했다. 사실 거기에는 하나의 조건이 있었다. "목사님, 제가 개척을 준비하고 있습니다. 2년 정도 사역하고 개척하려고 합니다. 그래도 받아 주시면 가겠습니다"라는 것이었다. 담임 목사님은 나의 모든 조건을 다 들어 주시며 그렇게 하라고 하셨다.

만 2년을 사역하고 담임 목사님께 개척을 위해서 사임한다고 말씀드 렸을 때 나를 걱정하시며 "원 목사를 보니 개척을 막을 수는 없을 것 같네. 그래도 지금 하지 말고, 큰 교회에서 한번 더 사역하고 거기서 개 척하시게"라고 말씀하셨다. 담임 목사님의 소개로 대구에 있는 한 대 형 교회 목사님으로부터 청빙 제의를 받았다. 처음에는 거절을 했다. 그러면서 아내에게 지나가는 말로 "그럴 일이 없지만 만약에 그 목사 님께서 3번 청빙을 말씀하시면 그때는 하나님의 음성으로 듣고 생각 해 보자"라고 말했다. 그런데 3번의 청빙 제의가 있었다. '이게 뭐지' 하는 생각과 '정말 하나님의 음성일까' 하는 고민을 했다. 머릿속에서 는 '좋은 조건에 높은 사례로 개척 자금을 만들 수 있지 않을까' 하는 생각이 스쳤다. 하지만 하나님께서 일상으로교회를 통해 하실 일이 있 다는 마음이 더 강하게 들었다. 이것이 하나님의 시험이라는 것을 깨달았다. 이렇게 하나님께서는 나의 중심과 의지, 결정을 보고 계셨다.

정말 감사하게도 당시 부교역자로 사역했던 교회 사택을 사임하고도 그대로 사용할 수 있도록 담임 목사님과 교회가 허락해 주셨다. 지금 돌아보니 그 허락이 얼마나 말도 안 되는 큰 사랑인지 알게 되었다. 아마 그런 배려가 없었다면 개척을 시작조차 할 수 없었을 것이다. 가진 것도 없고, 함께할 성도도 없고, 후원해 주겠다는 곳도 없었는데 그때는 무슨 용기로 그렇게 시작한다고 고집을 했는지…. 지금 돌아보면 모험으로 나서는 믿음이 있었던 것 같다.

2장 _ 사임 및 개척 행정 절차

교단마다 개척 절차가 조금씩 다를 수 있지만 내가 속한 고신 교단을 기준으로 부교역자의 사임은 담임 목사님과 당회의 허락을 받아서 노회의 행정 절차를 따라 이루어진다. 교회 직원은 사임하려면 당회에 사임서를 제출 한다. 하지만 목사의 사임 절차는 노회를 통해 이루어진다. 그래서 "사임 청원서"를 노회에 제출해야 한다. 이때 노회로 접수하는 서류는 시찰 서기를 경유해 도장을 받아 노회 서기에게 접수한다. 보통은 정기노회 때 사임 처리를 하지만, 경우에 따라 임시노회에서 사임 처리를 하기도 한다.

이때 세 가지 청원을 같이 하게 되는데,

첫째, 부목사 사임 청원

둘째, 교회 개척 허락 청원

셋째, 전도목사 파송 청원

만약 사임 청원은 했는데 전도목사 파송 청원을 하지 않으면 무임목사가 된다. 전도목사 허락 청원과 교회 개척 허락 청원 없이 개척을 진행하는 것은 무면허 상태로 운전하는 것과 같다. 그러니 절차를 따르는 것이 좋다.

나도 사임 청원을 하면서 전도목사 파송 청원을 해야 한다는 것을 처음 알았다. 보통 대부분의 서류는 당회장이 청원하는 것이다. 그런데 사임은 당회장이 청원하는 것이 아니라 사임자 본인이 한다. 나도 당회장 이름으로 서류를 준비해서 제출했다가 시찰 서기 목사님이 말씀해 주셔서 다시 수정해서 제출했다.

사임 청원은 사임자 본인이 하지만, 전도목사 파송 청원은 개척하려는 목사가 소속한 시찰회에서 노회로 해당 목사를 시찰회가 전도목사로 파송하려고 한다는 청원 서류이다. 그러니 전도목사 파송자 본인과 시찰장의 이름이 함께 올라간다. 서류마다 행정적인 분류가 다르다는 것을 그때 처음 알았다. 너무 복잡하다. 거기다 잘못해서 가면 기본이 되지 않았다고 꾸지람을 들을 수도 있다. 그러니 알아서 잘해야 한다. 사실 제일 어려운 건데 말이다.

마지막 사역 했던 교회의 담임 목사님이 노회 임원이셨고, 행정 절차와 서류에 대해서 많은 도움을 주셔서 쉽게 진행할 수 있었다. 처음 할 때는 누구나 어려운 법이다. 그러니 먼저 개척하신 분들의 도움이 필요하다. 나는 지금 노회 전도부 서기로 섬기고 있다. 상비부 모임에 참석하다가 얼떨결에 하게 되었다. 임시노회를 위한 전도부 모임을 가졌다. 이제 막 개척을 준비하고 있는 후배 목사님이 전도부에 교회 개척 허락 청원을 받기 위해서 오셨다. 전도부원 중 한 분이 "목사님 우리 교단에는 거리제한법이라는 것이 있습니다. 주위에 교단 교회가 있는지 확인은 해보셨습니까?"라고 질문하셨다. 개척을 준비하는 목사님은 임대한 상가에 우리 교단 교회가 있어 양해를 구했다고 했다. 하지만 교회 주위로 교단 교회가 몇 개가 더 있었고, 거리제한법상 문제의 소지가 되는 부분도 있었다.

전도부장 목사님이 개척하는 목사님에게 "목사님! 노회와 선배 목사님들이 목사님을 어렵게 하거나 야단을 치려는 게 아닙니다. 불필요하게 생길 수 있는 오해를 돌아보아 미리 막아 주고 조정해 주어 목사님이 교회 개척에 집중할 수 있도록 우리가 도우려는 겁니다. 교단이 정한 법과 행정적인 절차들을 잘 살펴서 준비하세요"라고 말씀하셨다.

이 목사님은 주위에 있는 우리 교단 교회들로부터 동의서를 받아 행정적인 절차를 마무리 할 수 있었다. 주위에서 가이드를 해 주면 행정적으로 곤란을 당하지 않아도 될 문제들인데 잘 알지 못하고, 알려 주는 분이 없어 어려움을 당하는 경우들이 종종 있다. 개척을 할 때 시찰 서기 목사님께 필요한 서류, 절차 등을 상의하면 다들 친절히 안내해 주신다. 모든 서류는 최종적으로 노회 서기 목사님께 접수된다. 노회 서기 목사님께 물어도 친절히 말씀해 주신다. 많은 경우 같은 부교역자에게 물어서 실수를 하거나 본인 생각대로만 행정적인 처리를 하다가 곤란한 상황을 만날 때가 있다. 사임 서류는 어떻게 준비하는 것인지, 개척 허락을 위해서 필요한 것은 무엇인지, 개척을 시작하기 위해서 주변을 알아보고 해야 하는 일들이 무엇인지 열심히 물으면 된다.

이렇게 개척할 때 무슨 이유 때문이든 선배 목사님들과 소통이 되지 않는 경우가 의외로 많이 있다. 혹은 노회에 아는 목사님들이 없어 행정적인 어려움을 겪는 경우도 있다. 부교역자들은 선배 목사님들 중에 아는 분이 없을 수 있다. 이런 부분에 대해서 지인 목사님 한 분이 팁을 주셨는데, 이는 내 무릎을 탁 치게 만들었다.

첫째, 모든 노회는 꼭 참석하라.

정기노회는 1년에 두 번, 봄과 가을에 있다. 하지만 우리 교단은 임시노회도 있다. 임시노회는 안건에 따라서 비정기적으로 회집된다. 여기에 참석하는 분들은 대부분 담임 목사님들이고, 노회에서 연차가 쌓인 분들이다. 이런 분들을 한 자리에서 만날 수 있는 좋은 장소가 노회이다.

둘째, 노회 가서는 무조건 인사하라.

정기노회에 비해 적은 숫자가 참석하는 임시노회도 꾸준히 참석하여 인사를 드린다. 이렇게 2년 이상 하다 보면 선배 목사님들이 이름과 얼굴을 알아보신다.

셋째, 상비부 모임에 빠지지 마라.

상비부 모임도 담임 목사님들과 노회 활동에 관심이 많은 장로님들만 참석하신다. 그곳에서 다양한 분들과 교제할 수 있는 기회를 가질 수 있다.

이렇게 하면 선배 목사님들과 교제를 통해 혼자서 고군분투하는 일들이 줄어들게 된다.

동의서

_ 이 장소를 00교회 개척 장소로 사용하는 것에 동의한다는 동의서 양식

동의서

본 ○○교회(○○○ 목사)는 (가칭)일상으로교회(원○○ 목사) 개척 장소(기도소)에 대한 교단 헌법에 따른 헌법적 규약 제3장 교회정치 제2조(개체 교회의 설립)에 대한 절차상의 문제에 대해 이의가 없음을 동의합니다.

○○○○년 ○○월 ○○일

○○교회

목사 ○○○

사임 청원서

_ 개척 교회 설립을 위한 부목사 사임청원서 양식

대한예수교장로회 ○○○○ 교회

수 신   노회장

참 조   임사부장

(경유)

제 목   부목사 사임 청원

성   명 : 원 ○ ○

주   소 : 부산광역시 ○○○○

주민등록번호 : ○○○○○○-○○○○○○○

직   명 : 부목사

　　주님의 은혜와 평강을 기원합니다.

　　위 본인은 아래와 같이 사임하고자 청원하오니 허락하여 주시
기 바랍니다.

　　　　　　현시무교회명 : ○ ○ 교회

　　　　　　위임(부임)일 : ○○○○년 ○○월

　　　　　　사임　사유 : 개척 교회 설립 준비　　　끝.

　　　　　　　　목사　원 ○ ○

교회 개척 허락 청원서

_ 노회 전도부가 교회 개척을 허락해 주시길 청원하는 교회 개척 허락 청원서 양식

일상으로교회(가칭)

수 신   노회장

참 조   전도부장

(경유)

제 목   교회 개척 허락 청원

주님의 은혜와 평강을 기원합니다.

본인은 아래와 같이 교회 개척 예배를 드리고자 서류를 구비하여 청원하오니 허락하여 주시기 바랍니다.

> 교회명(가칭) : ○○○○ 교회
>
> 교 회 주 소 : 부산광역시 ○○○○
>
> 교 역 자 : 원○○ 목사
>
> 소 속 시 찰 : ○○ 시찰
>
> 개척설립일자 : ○○○○.○○.○○
>
> 붙임서류 1. 이력서 1부
>
>   2. 교회 현황표 1부. 끝.

> ○○○○ 교회(가칭)
>
> 목사 원 ○○

전도목사 파송 청원서

_ 시찰 파송으로 교회 개척을 위한 전도목사 파송 청원서 양식

○○시찰회

수 신   시찰장

참 조   시찰서기

(경유)

제 목   전도목사 파송 청원

_____

성   명 : 원○○

주   소 : 부산광역시 ○○○○

주민등록번호 : ○○○○○○ - ○○○○○○○

직   명 : 목사

주님의 은혜와 평강을 기원합니다.

전도목사 파송을 청원하오니 허락하여 주시기 바랍니다.

　　1. 목사 안수일 : ○○○○년 ○○월 ○○일

　　2. 파송　사유 : 교회 개척

　　3. 전　도　비 : 추후 의논하기로 함. 끝.

목사　원○○ ㊞

시찰장 목사 ○○○ ㊞

3장 _ 교회 개척의 첫발, 동역자 모집

| 1. 기도의 동역자 |

신학교를 지원하기 위해 노회 고시부 면접을 보았다. 그때 고시부 목
사님들이 여러분 앉아 계셨는데 그중 한 분이 했던 질문이 아직도 기
억난다. "당신을 위해서 정기적으로 기도해 줄 사람이 100명 있습니
까?"라는 질문이었다. 그때 대답은 가족들이랑 이렇게 저렇게 하면 되
지 않을까 막연히 생각했다. 그래서 "네"라고 대답을 했다. 세월이 흘
러 교회를 개척하는 시점이 되었다. 막상 개척하려고 하니 기도 후원
자들이 몇 명이나 있을까 돌아보았다. 그리고 교회를 세우는 일에 많
은 기도 후원자가 필요하다는 것을 더 실감했다.

나와 관계가 있고, 기도의 동역자라고 생각되는 많은 분들을 기도 후원자로 삼고 정기적인 사역 보고서와 기도 제목을 공유한다. 어떤 분들은 정기적으로 기도하고 있다고 말씀해 주시는 분들도 있고, 또 어떤 분들은 사역 보고서와 기도 제목을 받은 그때라도 기도하신다는 분들도 있다.

특별히 후원 교회들이 기도해 주는 것이 큰 힘이 된다. 어떤 교회들은 특정 기관과 결연되어 더 긴밀하게 기도 제목을 공유하기도 한다. 가끔씩 기도의 동역자들이 교회를 직접 방문하여 교회의 모습과 사역을 보고 가실 때가 있다. 잠시라도 그분들이 교회를 방문하고 기도하시는 그 시간은 마치 선교지를 방문하고 기도하는 것과 같다고 생각된다. 선교지를 갔다오면 기도하는 마음이 달라지는 것처럼 더 구체적으로 간절히 기도하는 후원자들을 만들 수 있기 때문이다.

교회를 세워 가는 데 많은 기도가 필요하다. 하지만 작은 개척 교회에는 기도할 용사들이 많지 않다. 대개는 목사와 사모뿐일 때가 많다. 우리도 그렇다. 교회를 세워 가는 일에 기도 후원자는 너무 중요하다. 기도 후원자들의 기도의 힘으로 오늘도 교회가 세워져 간다.

개척 6년 차인 우리 교회는 재정적인 자립을 하지 못해 후원을 받고 있다. 지금까지 후원해 주시는 개인 후원자들과 교회들이 있다는 것이 감사하다. 하지만 처음부터 후원을 받을 생각은 아니었다. 개척하기 전 아내에게 개척하자고 말했을 때 아내가 1초도 고민하지 않고 했던 첫마디는 "그럼 내가 돈 벌어야 되는 거야?"였다. 그 말을 듣고 나는 바로 "아니! 당연히 내가 돈 벌어야지"라고 말했다. 그러니 개척하는 시점부터 자비량 개척을 생각해야 했다. 그렇다고 전문성 있는 직업도 없었다.

아내는 간호 대학을 나왔으니 아내가 전문 직업을 가지는 것이 더 쉬웠다. 주변에 내가 개척을 이야기하면 항상 따라오는 질문이 있다. "사모님 전공이 뭔가요?" 이에 아내가 간호 대학을 나왔다고 하면 "사모님이 간호사라서 목사님이 개척을 하려고 하시는구나!" 하는 반응을 종종 볼 수 있다. 하지만 개척 시작부터 지금까지 아내는 일을 하고 있지 않다.

나는 어떻게 자비량 사역을 할까 이리저리 궁리하면서 직장인이 많은 지역에 푸드트럭으로 아침 샌드위치 장사라도 하자고 했다. 내 이야기를 듣던 아내는 박장대소를 했다. 나는 무슨 일을 해서라도 생활비는 마련할 수 있지 않을까 하는 기대감과 책임감으로 충만했다. 언젠가 구호 단체 동원 및 관리를 담당하는 목회자 간사를 구한다고 해서 그것도 해보려고 했다. 그때까지만 해도 독수리 사형제는 공동 개척을 생각하던 시점이라 이중직에 대한 이야기를 나누었다. 동기 목사님은 우리가 목회자이니 후원을 받더라도 목회에 집중해서 교회를 세우는 것이 먼저라고 말했다. 자비량으로 사역을 하느냐 후원으로 사역을 하느냐가 본질적인 문제는 아니었기 때문에 목회에 전념할 수 있는 후원 개척 사역으로 방향을 정했다.

11월에 개척 준비를 위해 사임을 결정하고 그때부터 후원자를 모집해야 하는 숙제가 생겼다. 나는 평소 남에게 아쉬운 소리 못하고, 남에게 식사 한 끼, 차 한 잔 대접받는 것보다 대접하는 것이 편하고 익숙한 사람이었다. 그런 나에게 다른 사람들에게 후원자가 되어 달라는 말은 도저히 나오지 않았다. 그래도 나를 지지해 주고, 응원해 줄 것 같은 은사 목사님들께 먼저 후원 요청을 하기로 마음 먹었지만 그것도 쉽지 않았다. 교회 사무실에서 전화기를 들었다 놨다를 거짓말 조금 보태서 수백 번은 했다. 그렇게 일주일을 전화기만 바라보았다.

속으로 "하나님! 후원 요청 전화는 도저히 못하겠어요!"라고 그렇게 하소연 아닌 하소연을 하고 있는데, 갑자기 주님이 주신 마음이 "지현아! 이거 훈련이야!"였다. 그 순간 "아, 훈련이구나! 훈련이면 내가 받으면 되지. 통과하면 되지" 하는 마음이 들었다. 그 이후 전화기를 들고 이렇게 속으로 말했다. "이거 훈련이야! 지금 하나님의 훈련 시간이야!" 그러면서 전화를 하기도 하고, 직접 찾아 뵙고 후원 요청을 하기도 했다. 왜냐하면 개척하려는 목사가 할 수 있는 것은 그저 주님의 말씀에 순종하는 것이었기 때문이다.

그러던 중에 아내가 나에게 어느 정도 후원을 받으면 되냐고 물었다. 사실 몰랐다. 그때까지 후원으로 약정된 금액은 35만 원이 전부였다. 목표액이 없다고 했더니 아내가 지금까지 부교역자 때 받은 사례로 생활하는 훈련을 했으니 그 정도를 목표로 삼으면 되겠다고 했다. 그래서 내가 펄쩍 뛰면서 어려운 일이라고 했다. 아무튼 훈련이라 생각하고 정말 열심히 후원 요청을 하고 다녔다. 주님이 주신 훈련의 시간이니 내가 해야 할 것은 훈련을 잘 통과하는 것밖에 없었다.

세 가지 종류의 후원

첫째는 교회와 연결된 후원이다.

주로 몇 년 정도의 정기 후원이다. 보통 2-3년 동안 후원해 주시고, 후원 교회가 변경되는 경우이다. 그래도 감사한 것은 그렇게 연결된 교회들이 교회를 방문해 주시고, 계속적으로 기도하는 기도의 동역자들이 된다.

둘째는 지인들이 교회 계좌로 후원금을 보내는 후원이다.

지인들이 정기적으로 후원해 주시기도 하고, 단회적으로 후원해 주시기도 한다. 교회 계좌번호로 정기적인 후원을 해 주시는 분도 있지만, 삶이 바쁘다 보니 자동이체를 하지 않으면 잊어버릴 때가 있다. 나는 후원금이 몇 달 동안 후원되고 있지 않다고 먼저 연락드리지는 않는다. 후원금을 보내지 못하는 이유와 상황을 모르기 때문이다. 그러다 생각이 나서 다시 후원을 하시기도 하고 때로는 후원이 끊기기도 한다. 그러면 거기까지 공급하시는 까마귀구나 생각한다. 그러니 어찌 보면 불안정한 후원이다.

셋째는 펀딩을 통한 후원이다.

일본 선교사로 파송받은 친구 목사가 있다. 친구가 알려 준 것이 "미션펀드"라는 펀딩 프로그램이다. 펀딩 프로그램은 각자 다른 날짜에 후원되는 후원금을 한날에 정리해서 일정 수수료를 제외하고 나머지 후원금을 한꺼번에 송금해 주는 서비스이다. 후원자들 입장에서도 후원을 작정하여 자동이체로 신청하면 후원금을 보내는 데 신경을 적게 써도 되고, 연말 기부금 영수증도 펀딩 서비스에서 챙겨 주어 별도의 사후 관리가 필요 없는 장점이 있다. 또 적은 금액의 후원금이지만 정기적이고 지속적으로 후원되어 안정적이라는 장점도 있다.

후원자 중에 몇십만 원, 몇백만 원씩 후원금을 주시면 큰 도움이 된다. 하지만 그렇게 많은 금액을 후원하던 교회나 개인의 후원이 중단될 때 교회가 자립하지 못하면 그만큼 재정적인 어려움도 상당하다. 비록 적은 금액일지라도 지속적으로 후원할 수 있는 교회와 후원자들이 있는 것이 더 중요하다. 우리 교회의 후원자들은 적게는 5천 원부터 대부분 만 원, 이만 원을 후원해 주시는 분들이지만 6년 동안 계속해서 후원해 주고 계시니 큰 힘이 된다.

지금 개척을 고민하는 목회자가 "개척의 첫 발걸음에서 중요한 것이 무엇일까?"라는 질문을 한다면 나는 주저 없이 동역자라고 말할 것이다. 기도 동역자, 재정 동역자, 교회를 함께 세워 갈 동역자이다. 이 중에서 한 가지만 말하라면 교회를 함께 세워 갈 동역자라고 말할 것이다.

나는 부교역자를 사임하고 바로 개척을 시작하려 했던 것이 아니다. 공동 개척, 공동 목회를 생각했기에 사임을 하고 개척을 하기 전 개척 준비를 위한 시간이 필요했다. 그래서 당장 교회를 함께 세워 갈 동역자, 개척 멤버를 모으는 것이 우선순위가 아니었다.

그러나 하나님의 인도하심은 나의 생각과 다르게 흘러갔다. 개척 전 마지막 사역지에서 청년부를 담당했었다. 청년부였던 형제가 찾아와 진로 상담을 했는데 위기 청소년에 대한 비전이 있었다는 것을 알게 되었다. 형제에게 왜 위기 청소년에 관심과 비전이 생겼는지 물었다. 형제는 자신도 고등학교 시절 방황하며 지내다가 하나님의 은혜로 좋은 선생님과 만남을 통해 방황하는 것을 멈추고 대학까지 진학하게 되었다고 하였다.

청년의 이야기를 듣던 중 생각난 사람이 있었다. 바로 위기 청소년 사역을 하는 동기 목사님이었다. 그래서 형제에게 동기 목사님을 소개시켜 주기로 하고 약속을 잡았다. 그렇게 찾은 동기 목사님은 형제를 보더니 바로 이름을 불렀다. 그 동기 목사님은 형제의 좋은 선생님 중한 분이셨다. 그러면서 다음 주 센터로 오면 위기 청소년들을 연결해 주겠다고 하면서, 만난 지 10분 만에 형제의 진로와 비전에 대한 고민을 해결해 주셨다. 동기 목사님이 계속해서 나에게 다음과 같은 질문을 했다.

"지금 개척 준비는 어떻게 되냐?"
"개척 멤버는 좀 있냐?"
"개척하면 사택은 어떻게 하냐?"
"개척하면 교회는 어디에서 시작하냐?"

동기목사님과 나는 개척 이야기로 많은 시간 이야기를 나누었다. 그리고 동기 목사님이 하나 제안을 했다. 주일에 본인이 센터장으로 있는 청소년 센터를 대관해서 교회로 사용하라는 것이었다. 그것도 신축 건물로, 5층 강당은 80석 정도의 공간에 음향, 영상, 조명, 냉난방 시설이 전부 완비되어 있고, 4층은 식사를 할 수 있는 공간이 따로 있고, 3층에는 소모임실도 있었다. 이 모든 공간을 사용하라는 것이었다. 며칠 뒤 아내와 나는 센터를 보고 너무나 좋은 조건이지만 고민이 되었다. 진짜 여기서 교회를 개척하는 게 맞는지 확신이 없었다. 왜냐하면 개척 준비를 하기 위해 사임했는데, 준비 없이 곧바로 개척이 시작되는 느낌이었기 때문이었다. 그러나 우리가 전혀 생각하지 못한 곳으로 하나님은 예비하시고 인도하시고 계셨다. 그렇게 여호와 이레의 하나님을 경험하며 개척 장소가 결정되었다.

우리 가족만으로 드린 개척 2주 차 예배 후

2018년 1-2월은 여러 교회를 돌아보며 순례 예배를 드리고 3월 첫 주 드디어 개척 예배를 드렸다. SNS에 개척 첫 예배의 시간과 장소를 공지했다. 올 사람이 없었고 올거라고 기대도 하지 않았다. 우리 가족 5명으로 개척 첫 예배를 드리려 했다. 갑자기 아내의 오빠 가정이 오겠다고 연락이 왔다. 그렇게 해서 첫 예배에 최소 8명은 예배를 드리게 되었다. 예배가 시작하기 5분 전에 덩치 큰 청년 한 명이 쓱 들어왔다. '올 사람이 아무도 없었는데 누구지?' 했다. 이전에 사역했던 교회 청년이었다. 그렇게 일상으로교회 개척 첫 예배를 드렸다. 예배를 마치고 첫 예배 자리를 채워 준 분들과 함께 식사를 하였다. 일상으로교회의 첫 예배는 감사하게도 너무 쓸쓸하지 않게 드렸다.

그렇기에 다음 주도 함께 예배할 분들이 있을 줄 알았다. 그래서 주보도 조금 더, 식사도 조금 더 준비했다. 하지만 현실은 우리 가족만 예배를 드렸다. 아이들이 혹시 오시는 분이 없나 하고 고개를 문 쪽으로 돌리고 있었다. 그날 예배는 내가 찬양하고, 당시 초등학교 5학년이던 첫째 딸이 대표기도를 했다.

"기도하겠습니다. 먼저 오늘 이 자리를 허락하신 하나님께 감사합니다. 하나님께서 세우신 일상으로교회가 두 번째 주일을 맞이하게 하심에 또 감사합니다. 앞으로 일상으로교회의 모든 일어날 일들을 하나님께서 주관하시고 계획하실 줄로 믿습니다. 일상으로교회에 많은 믿음의 동역자들을 보내 주시고, 일상으로교회를 통하여 하나님의 나라가 확장되어 가고, 하나님의 든든한 자녀들이 세워질 수 있게 하옵소서. 일상으로교회가 사탄의 방해를 받지 않고, 하나님 안에서 든든하게 세워지게 하옵소서. 이 모든 일을 계획하신 하나님께 감사드리며 예수님의 이름으로 기도드립니다. 아멘!"

딸의 기도처럼 하나님의 계획과 주관하심으로 지금 여기까지 올 수 있었다.

몇 주 동안 우리 가족만 예배했다. 그러면서 생각했다. "아! 멤버가 있어야 했구나!" 교회를 세워 가기 위해서는 멤버가 필요하다는 것을 그즈음 깨닫게 되었다. 그리고 개척한 지 몇 년이 지나고 있는 이 시점에 교회 기둥이 될 동역자가 얼마나 중요한지를 절실히 느끼고 있는 중이다. 눈사람을 만들기 위해서는 먼저 눈을 뭉쳐야 한다. 뭉쳐진 눈을 눈 위에 계속 굴려야 큰 눈덩이가 된다. 개척 교회는 그 눈이 뭉쳐지는 동안 시간이 너무 오래 걸리고 힘이 든다. 그래서 함께 시작할 수 있는 멤버가 있다는 것이 참 중요하다.

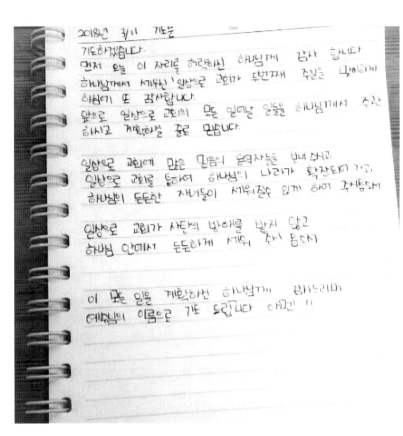

2018년 3/11 기도문

기도하겠습니다.
먼저 오늘 이 자리를 허락하신 하나님께 감사 합니다
하나님께서 세우신 '일상으로 교회'가 두번째 주일을 맞이하게
하심이 또 감사합니다.
앞으로 일상으로 교회의 모든 일어날 일들을 하나님께서 주관
하시고 계획하실 줄로 믿습니다.

일상으로 교회에 많은 믿음이 동역자들을 보내 주시고,
일상으로 교회를 통하여 하나님의 나라가 확장되어 가고,
하나님의 든든한 자녀들이 세워질수 있게 하여 주시옵소서

일상으로 교회가 사탄의 방해를 받지 않고
하나님 안에서 든든하게 세워 주시 옵소서

이 모든 일을 계획하신 하나님께 감사드리며
예수님의 이름으로 기도 드립니다 아멘 !!

당시 초등학교 5학년 첫째 딸의 대표기도문

4장 _ 사택 구하기, 교회 장소 구하기

(교회는, 목사는 안 됩니다)

나는 어려서부터 교회 안에서 자랐다. 대학교와 신학대학원을 졸업할 때까지 교회 울타리 안에 있었다. 그러니 교회라는 울타리 밖으로 나갈 일이 없었다. 그러다 개척하면서 교회 울타리 밖을 직접 경험하게 되었다. 이전까지는 집사님, 장로님들이 맡아서 해 주시던 일들이 이제는 온전히 나의 몫이 된 것이다.

사택은 부교역자 때 살았던 곳을 그대로 사용하고 있었고, 교회는 집에서 30-40분 정도 차량으로 이동해야 했다. 주일뿐 아니라 주중에도 사용할 수 있는 공간들이 있어서 매일 자녀들과 센터로 출근을 했다. 자녀들이 홈스쿨링을 하고 있어 24시간 좁은 집에서 함께 있는 것보다 교회 공간으로 사용하는 센터에서 공부도 하고 운동도 하는 것이 좋겠다 싶었다. 하지만 월요일부터 주일까지 매일 이동하는 것이 그리 쉬운 일은 아니었다. 그래서 센터 근처로 이사를 계획했다. 몇 주 동안 인터넷 부동산을 얼마나 찾고 전화했는지 모른다. 또 부동산을 직접 찾아가서 집을 보았다. 마음에 드는 집이 있어 계약을 하려고 했다. 사택이니 당연히 교회 이름으로 계약하려는데 교회 이름으로 계약을 할 수 없다고 한다. 두 번째 집은 교회 이름으로 계약하지 않고, 내 이름으로 계약을 하려는데 이번에는 목사라는 것을 알고 주인은 목사에게는 집을 내어 줄 수 없다고 했다.

집을 구하기 위해서 얼마나 열심히 찾아다녔는지 모른다. 그런데 내가 해결할 수 없는 이유들, "교회여서 안 된다", "목사여서 안 된다" 이런 이야기를 듣고서 화가 났다. 다음 날 새벽, 거실에 혼자 앉아 주님께 투덜거리며 "주님! 교회라서 안되고, 목사라서 안 된답니다"라며 기도했다. 이후로 몇 개월 동안 집도 알아보지 않고 그냥 버티고 지냈다. 그러다 아내가 어느 한 곳을 추천하면서 그곳은 센터에서 조금 멀어도 지하철 바로 앞에 있는 곳이라 좋을 것 같다고 해서 가보았다. 이번에도 목사에게 집을 주지 않겠다고 했다. 당시는 참 이해가 되지 않았다. 차라리 자녀가 3명이라 줄 수 없다고 하면 이해할 수 있는데, 목사인 것이 계속 걸림돌이 되었다. 한편으로는 너무 서글프기도 했다. 교회가, 목사가 믿지 않는 사람들의 눈에 어떻게 비춰졌을까 생각되어 더욱 답답했다. 다시 전세를 알아보았다. 마지막으로 계약하기 위한 집은 주인이 목사여도 가능하다고 했지만 이번에는 대출이 발목을 잡았다. 목회자라 세금 신고액이 없어 대출이 되지 않았다. 어쩔 수 없이 사택 이사는 포기했다.

몇 개월 뒤 사택을 비워야 하는 상황이 생겼다. 이전 교회 사택에서 살고 있었는데 그 교회에 새롭게 부임하는 부목사님의 사택이 필요한 상황이었다. 그런데 담임 목사님이 "원 목사는 사택 사용하는 것 신경 쓰지 말고, 새로 오는 부목사 사택을 다른 곳에 알아보면 된다"라고 하셨다. 정말 평생의 은인이시다. 고작 2년 함께한 부교역자를 이리도 챙기시고 사랑해 주셨다. 사임한 목회자를 위해서 새로 부임하는 부목사 사택을 다시 구한다는 것이 말이 되는 소리인가? 그래서 우리는 사택을 구해서 나가겠다고 말씀드렸다. 이번에는 사택을 구해야 하는 기간이 정해져 있었다. 정말 사방팔방으로 알아보았지만 이사할 집이 없었다. 당장 이사해야 하는 조급함과 긴장 때문에 이리저리 집을 알아보기 위해 정신이 없었다. 그런 중에 우연히 신축 아파트를 인터넷 부동산을 통해 알게 되었다. 처음에는 신축 아파트라 생각하지도 않앉고 전세로 이사하기에는 금액도 상당했다. 대출이 80%가 되지 않으면 갈 수 없는 곳이었다. 아내는 신축 아파트라 개척 교회 목사가 사택으로 사용하기에는 부담스럽다고 했다. 그런데 신축 아파트라 전세 물건이 많이 나왔다. 심지어 주위의 구축 아파트만큼 저렴한 가격이었다. 그리고 어떻게 된 일인지 몇 달 전에는 세금 신고액이 없어 대출이 되지 않았는데 이번에는 80% 대출이 가능했다. 지금도 어떻게 가능했는지 알 수 없다. 목사로 세상의 문턱을 경험하는 시간이었다. 동시에 여러 상황을 막기도 하시고 열기도 하시면서 우리의 생각을 뛰어넘어 일하고 계신 하나님의 손길을 경험하는 시간이었다.

강당에서 시작한 개척 교회도 감사했지만, 2019년 9월쯤부터 새로운 공간을 마련해야겠다는 마음이 계속 들었다. 일반 상가는 교회에 임대하는 곳이 많지 않았다. 사택 근처의 상가들을 알아보았는데 상가를 신축할 때부터 종교 시설은 입주를 하지 못하도록 정관에 명시해 둔 곳도 있었다.

사택을 구하는 것도 그렇게 힘들었는데 교회 장소를 구하기 위해서 또 에너지를 소진하고 거절당하기를 수차례하고 하나님께 이렇게 기도했다.

"하나님! 개척할 때 교회 장소를 하나님이 콕 찍어서 여기다 하셨는데, 다음 교회 장소도 하나님이 콕 찍어 주세요. 하나님이 여기다 하시면, 저는 어디든지 순종해서 가겠습니다."

이렇게 기도하고 2개월이 못 되어서 하나님께서 그 기도에 응답해 주셨다.

2020년 1월 임시노회가 있었다. 몇 가지 안건이 있었는데 그중에 하나가 영도에 있는 "교회 폐쇄건"이었다. 행정부원이었던 나도 그 내용을 듣게 되었다. 교회 폐쇄 청원을 한 담임 목사님으로부터 이야기를 듣는 동안 내 마음에 '이 교회가 폐쇄되지 않고 계속 있으면 좋겠다'는 생각이 들었다. 집에 와서 폐쇄되는 교회에 대한 이야기와 마음을 아내에게 나누었다. 며칠 뒤 독수리 사형제가 만나 폐쇄되는 교회 이야기를 했다. 이야기를 듣고는 "일상으로교회는 공간이 필요하고, 그 교회는 목사가 필요하네! 그러니 일상으로교회가 가면 되겠네!"라고 말했다. 사실 생각해 보지 못한 부분이었다. 심지어 그 교회에는 대여섯 가정의 성도들이 남아 있기도 했다.

그래서 폐쇄되는 교회 목사님께 연락을 드렸다. 며칠 뒤 시간을 정해 교회를 방문했다. 여러 이야기를 나누고, 이곳에서 교회를 개척하신다고 하면 음향 시설, 강대상, 피아노, 드럼, 의자, 냉장고, 주방용품 등 모든 비품은 그대로 두고 가시겠다고 하시면서 필요한 것은 사용하라고 말씀하셨다. 중고로 팔면 돈을 얼마라도 받을 수 있지만, 교회가 들어오니 그대로 사용하면 좋겠다고 말씀하셨다. 우리는 강당을 대관해서 시작한 교회라 이전을 하게 되면 모든 것을 새로 준비해야 했다. 그런데 아무것도 없는 일상으로교회가 모든 것이 준비된 곳으로 이전하는 것은 너무나 큰 은혜였다.

처음 시작은 남아 있는 몇 가정이라도 일상으로교회에 정착하면 좋겠다는 마음으로 결정했다. 하지만 얼마 후 기도하면서 하나님께서 주신 마음은 "사람을 보지 말고 그곳으로 가라"였다. 기도할 때 주셨던 마음처럼 폐쇄된 교회 성도들 중 우리 교회와 함께하는 성도들은 없었다.

하나님께서 콕 찍어서 보내신 곳이 '영도'다. 부산의 수많은 곳을 검색하고, 알아보고, 찾아가 보았지만 유일하게 생각지도 않았던 곳이 있다. 바로 '영도'다. 대학교 4년을 영도에 있었지만 영도는 아니라고 생각했다. 왜 그렇게 생각했는지 잘 모르겠다. 개척 초기 사임하고 여러 교회를 탐방하던 시기 영도에 있는 교회를 방문한 적이 있다. 그 교회 목사님이 갑자기 제안한 것이 교회를 이전하는데 내가 이곳으로 온다면 시세보다 저렴하게 매매를 하겠다고 하셨다. 하지만 당연히 우리가 감당할 수 없는 금액이었다. 아내는 한번 기도해 보고 믿음으로 도전해 보자고 했지만, 금액이 너무 크게 보여서 바로 포기했던 곳이다. 그리고 1년 반이 지나 하나님께서는 정확히 영도로 교회를 옮기셨다. 우리에게 인수를 제안했던 교회에서 불과 몇 분 거리에 있는 곳이다. 하나님의 짓궂은 인도하심이다.

5장 _ 교회 고유번호증 발급받기

개척하고 교회를 세워 가기 위해 무엇부터 해야 할까? 여러 가지가 있지만 고유번호증부터 발급받아야 한다. 왜 고유번호증을 가장 먼저 발급받아야 하는가? 그것은 개인의 주민등록증이나 여권처럼 교회 주민등록증이라 생각하면 된다. 그래서 교회 주민등록증을 가장 먼저 만들어야 교회명의 통장, 계약, 신고 등을 할 수 있다. 그럼 고유번호증은 어떻게 발급받는가?

고유번호증을 발급받기 위해 필요한 서류들을 먼저 준비해야 한다.

소속 증명서, 대표자 증명서는 총회로부터 발급받고, 재직 증명서는 교회에서 발급한다.

(이 서류들을 발급받기 위해서는 앞에서 말했던 부목사 사임 청원, 교회 개척 허락 청원, 전도목사 파송 청원의 절차를 마치고 총회에 가입이 되어야 발급받을 수 있다.)

이제 고유번호증 발급에 필요한 서류를 모두 준비했으면 관할 세무서로 가야 한다. 관할 세무서는 임대차 계약서에 기재된 주소지를 기준한다.

1. 교회의 정관 – 표준 정관은 인터넷에서 쉽게 찾을 수 있다.
   거기에 본인 교회에 필요한 내용을 추가 혹은 삭제해서 정관을 만든다.
2. 목사의 재직 증명서 – 교회에서 발급한다.
3. 목사의 소속 증명서 – 총회에서 발급한다.
4. 목사의 대표자 증명서 – 총회에서 발급한다.
5. 임대차 계약서 혹은 부동산 관련 서류
6. 직접 방문 시 – 대표자 신분증, 도장
   (개척 교회는 담임 목사가 직접 이 모든 일을 처리할 경우가 많아 대표자 신분증을 챙기면 된다)
7. 대리 방문 시 – 위임장, 대리인 신분증

나도 필요한 서류들을 준비해서 관할 세무서로 갔다. 담당 부서로 가서 고유번호증 발급 신청서를 쓰려고 하니 용어들이 생소하고 어려웠다. 다행히 안내해 주시는 분에게 문의했더니 친절히 가르쳐 주셨다.

단체 혹은 법인을 세무서에 신고할 때 종류에 따라서 몇 가지 번호가 부여된다. 신청서를 작성하면서 몰랐던 것이 바로 그 부분이었다. '80, 82, 89'가 있었다. 내용으로는 '89'로 해야 할 것 같았는데 문의하니 교회는 '82'로 신청을 하라고 알려 주셨다.

나중에 알고보니 '89'는 개인으로 보고 소득세가 적용된다고 한다. 안내를 따라서 '82'로 신청 접수를 완료했다. 접수증을 주면서 발급까지 10-14일 정도 걸린다고 알려 주셨다. (요즘은 2-3일만에 발급이 된다.) 나는 1월 15일에 신청을 해서 10일이 지나 고유번호증을 발급받았다. 보통 고유번호증만 알고 있지만 총 3장의 증서를 준다. "고유번호증", "법인으로 보는 단체의 승인 여부 통지서", "법인으로 보는 단체의 국세에 관한 의무 이행자 지정 통지서"이다. 고유번호증은 여러 부분에서 자주 사용해야 하는 증서이다. 은행 업무를 보거나 기부금 영수증을 발급받을 때 항상 사용된다. 하지만 나머지 두 증서는 거의 사용되지 않는다. 그렇다고 사용되지 않는 것이 아니다. 교회 명의로 은행 대출을 신청할 때 필요한 서류들이다. 그러니 잘 보관해야 한다.

그리고 하나 더 참고할 것은 영문으로 교회 이름이 되어 있는 경우가 있는데, 고유번호증 신청을 할 때 영문으로 등록이 안 된다. 그렇기에 예를 들어 "AB교회"는 한글 "에이비교회"로 신청해야 한다. 영문으로 신청이 안 된다고 해서 당황할 수 있다. 실제로 주변 목사님들로부터 그렇게 신청하러 갔다가 당황한 이야기도 종종 듣게 된다.

아래는 고유번호증을 받아든 그날 적어 놓은 고백이다.

"기분이 묘하고 이상하기도 하고,

드디어 시작이라는 들뜨는 마음도 들었다.

하나님께서 한 걸음 한 걸음 걸어가게 하신다.

어설프고 연약한 사람을 일으키시고 달려가게 하신다.

일상으로교회를 통해 나의 삶을 통해 계속 고백되길 소망한다.

살아 계신 하나님께서는 내 삶 속에 과거형이 아닌

언제나 현재 진행형으로 고백되길 소망한다.

하나님께서는 살아 계신다.

그 하나님과 오늘도 동행하는 일상으로…."

이 고백을 보면 몇 년이 지난 지금도 그때 설렘이 느껴진다.

6장 _ 교회 명의 통장 만들기
(모든 것은 삼세판)

요즘은 휴대전화로 개인이 은행 통장을 개설하고, 카드를 발급받을 수 있다. 하지만 단체나 법인 통장을 개설하는 것은 필요한 서류도 많고 까다롭기도 하다. 개척을 하면 후원 요청을 위해 은행 계좌번호가 필요하다. 당장 쉽게 할 수 있는 방법이 개인 통장 중 잘 사용하지 않는 통장을 교회 후원 통장으로 사용하는 것이다. 사임 전 재정 후원자 모집이 필요하기 때문이다. 보통은 후원자 모집 시기에 아직 교회를 설립한 것이 아니기에 고유번호증을 발급받지 못한 상황이라 당연히 교회 명의 통장을 만들 수 없다. 그러니 나처럼 개인 통장을 교회 후원 통장으로 사용하는 경우가 많다. 하지만 때로는 개인 통장을 교회 후원 통장으로 사용하는 것에 대해 좋지 못한 시선을 보내는 분들도 있다. 어떤 목사님의 경우, 후원을 해 주고 싶은데 교회 명의 통장이 아니어서 후원을 해 줄 수 없다고 했단다. 분명한 건 최대한 빨리 행정 절차를 마치고 교회 명의 통장을 만드는 것이 좋다. 나도 교회 명의 통장을 만들고 나서 개인 후원 통장에서 교회 명의 통장으로 후원해 주실 것을 다시 요청드리기도 했다. 이뿐 아니라 교회 후원금이 공금이기에 개인 통장에 두는 것이 맞지 않으며, 개인 통장에 두면 개인 자산으로 잡히기도 한다.

그래서 최대한 빨리 교회 명의 통장을 준비해야 한다. 교회 명의 통장을 만들기 위한 필요 서류는 고유번호증과 교회 정관, 교회 직인, 대표자 신분증, 대표자 도장, 재직 증명서 등이다. 나는 고유번호증이 나오는 날 서류를 준비해 은행으로 달려갔다. 대기표를 뽑고 십여 분을 기다려 내 차례가 되었다. 당당히 교회 통장을 개설하러 왔다고 했다. 그리고 필요한 서류를 내밀었다. 서류를 보던 은행 직원의 말이 "법인 통장은 주소지 관할구에 있는 은행에서만 됩니다"라고 한다. 은행 지점이 적은 은행은 통합해서 발급하는 곳도 있다. 사전에 미리 연락을 해서 확인하는 것도 좋겠다.

잠시 들뜬 마음을 누르고 오후에 다시 주소지 관할구에 있는 은행으로 향했다. 이제는 모두 완벽하다고 생각하며 내 순서를 기다렸다. 드디어 내 순서가 되어 필요 서류들을 건넸다. 서류를 살피던 은행 직원이 이번에도 말을 한다. 내가 일상으로교회를 실제 운영하는 대표라는 것을 증명하는 서류가 필요하다고 했다. 순간 당황하고 황당했다. 나는 고유번호증이 있고, 교단 총회에서 발급한 대표자 증명서에 내가 대표임을 증명하고 있다고 말해도 안 된다는 대답만 돌아왔다. 은행 직원은 실제 운영하는 대표라는 것을 증명하는 서류를 가져오라고 했다. 두 번째로 거절을 당하는 순간이었다. 첫 번째가 잘 몰라서였다면 두 번째는 이해가 가지 않는다는 이유였다. 그래서 세 번째 거절당하는 것을 막기 위해 은행 직원에게 은행에서 필요로 하는 내용을 문구로 적어 달라고 요청했다. 그렇게 적어 준 내용은 "일상으로교회의 운영을 위하여 행정 비용 처리를 위한 통장의 개설이 필요함으로 통장을 개설하고자 함"이었다. 그리고 뒤에 실제 소유자 "원지현"이라 적어 주었다.

그날도 이리저리 뛰어다니며 '역시 쉽게 되는 것은 없구나' 했다. 그래도 통장 개설을 위해서 필요하다고 하니 만들어 가야 했다. 은행 직원이 적어 준 대로 서류를 만들어 세 번째 은행 방문을 했다. 이번에는 무사히 일상으로교회 교회 명의 통장을 만들었다. 그렇게 우여곡절

끝에 일상으로교회 명의의 통장이 만들어졌다.

종종 개척하는 목사님들이 통장 만드는 것을 물을 때가 있다. 은행마다 요구하는 서류들이 조금씩 다르다. 그러니 미리 전화로 문의해서 필요 서류들을 준비해서 가면 두 번 세 번 헛걸음을 하지 않을 수 있다.

최근에 지인 목사님이 교회 명의 통장을 개설하기 위해서 주거래 은행에 전화를 한 후 필요 서류들을 준비해 갔다. 그런데 은행 직원이 하는 말이 "교회 실사를 나가야 한다"라고 했다. 지인 목사님이 은행 직원에게 처음 듣는 말이라고 했더니, 거기 은행은 그렇게 한다고 했다. 황당해하던 지인에게 제2금융은 까다롭게 서류를 요구하지 않는다고 말했다. 모든 금융 기관의 필요 서류는 동일하다. 그런데 까다롭다는 것은 은행마다 내규로 정해 놓은 서류가 있고, 은행이 요구하는 실사가 있다는 것이다. 다른 곳은 고유번호증 발급일을 묻더니 발급일로부터 2개월 이후부터 통장 개설이 가능하다는 답이 돌아왔다. 이것도 그 금융 기관만의 내규이다. 기본 필요 서류로 바로 통장을 개설할 수 있는 곳도 있었다. 각 금융 기관마다 지점별, 상담 직원별, 은행별 요구 서류들이 상이하다. 그렇기에 꼭 특정 은행이 아니어도 된다면 조금은 일처리를 쉽게 할 수 있는 곳에서 교회 명의 통장 개설을 추천한다. 관공서, 은행 업무가 은근히 스트레스를 준다.

또 하나 교회명의 통장을 만들 때 공인 인증서와 OTP 카드를 함께 발급받을 수 있다. 인터넷으로 은행 업무를 보거나 홈택스에 접속하기 위해서는 미리 준비해 두는 것이 필요하다. 법인 공인인증서는 매년 갱신해야 하고 일정 비용을 지불해야 한다.

통장 개설 시 필요 서류

1. 고유번호증
2. 교회 정관
3. 교회 직인
4. 대표자 신분증
5. 대표자 도장
6. 대표자 증명서(필요로 하는 곳도 있음)
7. 재직 증명서

2024년 2월 기준으로, 거래 은행이라 할지라도 법인 확인을 위해서 매년 법인 정보를 갱신한다.

실제 운영자 확인 증명서

일상으로교회

일상으로교회의 운영을 위하여 행정 비용 처리를 위한 통장의
개설이 필요함으로 통장을 개설하고자 함.

1. 실제소유자 : 원 ○ ○

2. 주민등록번호 : ○○○○○○

3. 직   명 : 담임 목사

○ ○ ○ ○ 교회 ㉮

7장 _ 교회 차량 등록하기

교회 차량이라고 하면 대부분은 승합차를 연상한다. 하지만 개척 교회는 그만큼 태울 성도가 없기도 하고, 승합차를 살 수 있는 비용도 없다. 우리 교회라고 별반 다르지 않았다. 승합차를 구입하는 것은 아직 시기상조였다. 그러다 차량을 구매해야 할 시점이 되었다. 매주 새가족을 태워서 교회와 목장(작은교회모임 혹은 소그룹모임)을 가야 했다. 승합차는 중고도 가격이 만만치 않고, 무엇보다 아내가 운전해야 하는 차량이라 승합차로는 할 수 없었다. 생각하다가 경차를 구입하기로 했다. 취등록세가 면제되기도 하고, 유지비도 비교적 저렴하고, 통행료도 할인이 되는 등 여러 가지 이점이 있었다. 그렇게 교회 명의로 차량을 구입했다. 개인 명의가 아닌 교회 법인이 구매하고 차량 등록을 하는 것에는 필요한 서류가 있었다.

- 회의록이다. 기존 교회들은 사람과 조직이 있어서 당회, 제직회 등이 있다. 보통은 당회가 일정 금액을 넘지 않는 안건에 대해서는 회의를 하면 되고, 일정 금액 이상이면 제직회와 공동의회를 통해서 결정한다. (일정 금액이라는 것이 교회의 내규로 다를 수 있다.) 하지만 개척 교회는 사정이 다르다. 우리 교회는 당회가 없다. 제직회도 없다. 그러니 공동의회 혹은 운영회의가 유일하다. 이 회의를 통해서 "교회 차량 구입 건"을 의결한 회의록이 필요하다. 이때 회의 성립을 위해 5명 이상의 참석과 날인이 있어야 한다. 다행히 우리는 차량 구매 시점에 장년 성도가 5명은 되어서 회의가 성립되었다.

- 교회 직인 증명서가 필요하다. 개인으로 생각하면 인감 증명서 같은 것이다. 우리 교회는 총회에 차량 구매용으로 신청을 했다.

- 대표자 증명서 또는 단체 소속 증명서이다. 이것 역시 총회에서 발급받아야 한다.

- 교회 정관이다. 정관과 함께 늘 따라 다니는 것이 고유번호증(사본)이다.

- 교회 명의 책임보험 가입 확인증이다. 중고 차량을 구매할 때 상사에서 연결해 주기도 하고 지인 혹은 인터넷을 통해서 먼저 가입을 하면 된다.

- 자동차 등록증이다.

- 대표자 인감 증명서(양도 시에는 자동차 매도용)이다.

- 방문자 신분증이다.

* 양도 시(팔 때) : 양도 증명서, 직인날인
* 양수 시(살 때) : 양도 증명서, 위임장 직인날인

교회 차량 등록 시 필요 서류

1. 교회 차량 구입 건을 의결한 회의록, 날인한 사람의 신분증 사본
2. 교회 직인 증명서
3. 교회 정관
4. 고유번호증(사본)
5. 대표자 증명서
6. 단체 소속 증명서
7. 교회 명의 책임보험 가입 확인증
8. 대표자 인감 증명서
9. 대리 방문시 - 위임장, 대리인 신분증

운영회의록

운 영 회 의 록

일   시   ○○○○년 ○○월 ○○일 오후○○시

장   소   부산광역시 ○○○○

참석인원   5명

안   건   교회 차량 구입 건(○○자동차 ○○차량)

　　○○○○년 ○○월 ○○일 오후 ○○시에 교회의 차량 구입 건(
○○자동차 ○○차량)을 ○○○ 회원의 요청에 ○○○ 회원의 제청
으로 통과하다. 폐회하니 오후 ○○시○○분 이었다.

○○○○년 ○○월 ○○일

○ ○ ○ ○ 교회

참석자 원 ○ ○

○ ○ ○

○ ○ ○

○ ○ ○

○ ○ ○

8장 _ 기부금 영수증 발급하기

나는 부교역자로 사역하는 동안 행정 목사 업무를 하지 않았다. 그러니 개척해서 모든 행정을 나 홀로 해야 하는 상황이 때로는 어렵고 어색하곤 했다. 첫 연말이 되고 성도들에게 기부금 영수증을 발급해 줘야 했다. 그런데 해 본 적이 있어야지…. 부교역자 때는 재정부에서 기부금 영수증을 작성해 주면 성도들에게 전달만 하면 되었다. 그러니 도통 알 수가 없었다. 이럴 때는 도움을 요청해야 한다. 마지막 사역했던 교회 행정 목사님께 도움을 구해 기부금 영수증 파일을 받았다. 하지만 무슨 코드 번호를 넣으라 한다. 다행히 파일의 아래쪽에 코드 번호 구분이 있었다. 종교 단체는 '41'이다. 이렇게 하면 끝나는 것이 아니다. 필요 서류들이 더 있다.

기부금 영수증 발급 시 필요 서류는

• 기부금 영수증이다. 기부한 금액 혹은 헌물에 대한 내용을 작성해서
  발급한 영수증이다.

• 고유번호증 사본이다.

• 소속 증명서 사본이다. 기부금 영수증을 발급하기 위해서는 매년 발
  급해야 하는 서류다. 총회에서 발급해야 하는 서류이기에 기부금 영
  수증을 발급해야 하는 시기가 되면 미리 발급해 두는 것이 좋다.

• 법인 설립 허가서 사본이다. 법인 설립 기관이 총회이기에 총회에서
  받아야 하는 서류이다. 우리 교단의 경우 매년 연말이면 총회 홈페이
  지 내 자료실에 공유해 준다. 기부금 영수증 발급용 법인 설립 허가서
  사본은 기부금 영수증 발급용이므로 다른 용도로는 사용할 수 없다.

이때 세무서에서 우편으로 발송된 기부금 영수증 발급 대장이라는 것
을 받게 된다. 즉, 교회가 발급한 기부금 영수증의 내용을 신고하라는
것이다. 처음에 이 서류를 받아 들고 바로 회계사에게 연락을 드렸다.

이런 서류가 왔는데 어떻게 해야 하냐고…. 두 가지 방법을 말씀해 주셨다. 첫 번째는 서류에 나온 것처럼 기재해서 세무서에 신고하는 것이다. 두 번째는 기부금 영수증 발급 대장을 보관하는 것이다. 그래서 요청이 있을 경우 제출할 수 있도록 구비해 두는 것이다. 가장 확실히 하는 방법은 세무서에 발급 대장의 내용을 신고하고, 발급 대장도 보관하는 것이다.

기부금 영수증 발급 시 필요 서류

1. 기부금 영수증
2. 고유번호증 사본
3. 소속 증명서 사본
4. 법인 설립 허가서 사본

기부금 영수증 발급 대장 관리

1. 기부금 영수증 발급 대장 세무서 신고(우편, 팩스, 직접 방문)
2. 기부금 영수증 발급 대장 교회 보관

9장 _ 종합 소득세 신고하기

몇 년 전부터 종교인 과세가 의무화되면서 종합 소득세를 신고하게 되어 있다. 이때 한참 교단적으로 소득세를 신고하는 방법에 대해서 가르쳐주는 세미나들이 많았다. 나는 감사하게도 회계사이신 지인 장로님께서 재능 기부로 섬겨 주셨다. 그래서 특별히 신경 쓰지 않고 급여 부분만 알려 드리고, 매년 변동 사항이 있을 때 알려 드리면 된다.

나는 도움을 받은 경우이지만 대부분의 목사님들은 종합 소득세 신고에 신경을 써야 한다.

종합 소득세를 신고하는 두 가지 방법은,

첫째, 회계사에게 의뢰하는 것이다. 개척 교회는 여러 명의 직원이 있지 않다. 그리고 매월 소득 신고를 하는 것도 아니다. 대부분 기타 소득으로 1년에 한 번 소득 신고를 하게 된다. 그러니 회계사에게 지불해야 하는 비용도 1년에 한 번 발생한다. 개척 당시에는 십만 원 정도라고 들었는데, 지금은 얼마 정도의 비용인지 정확히는 알지 못한다. 그래도 간편함이 있다. 내가 신경 쓸 부분이 거의 없다는 것이다. 공제받을 수 있는 부분들을 알려 주시고, 가끔 환급받을 부분을 찾아서 알려 주시기도 하신다. 또 세금을 처리하는 과정에서 할 수 있는 실수들을 막아 주어 과태료를 내지 않을 수 있다. 그리고 종합 소득세를 신고함으로 근로 장려금과 자녀 장려금을 받을 수 있다. 장려금 혜택은 내가 신고할 금액이 작거나 거의 없어도 종합 소득세 신고를 해야 받을 수 있다.

둘째, 직접 종합 소득세를 신고하는 것이다. 종교인 소득 신고 방법에는 두 가지가 있다. 첫 번째 방법은 근로 소득으로 신고하는 것이다. 매월 원천 징수해서 신고하고 1월에 연말 정산 처리하는 방식이다. 큰 교회 같은 경우 이렇게 신고할 수 있지만, 작은 교회 혹은 개척 교회에서는 두 번째 방법인 기타 소득으로 신고한다. 이때는 5월에 종합 소득세 확정 신고를 하면 된다. 신고 방법은 팩스, 우편, 직접 방문 제출이 가능하다. 직접 방문 시에는 주소지 관할 세무서를 미리 확인해서 방문해야 한다. 요즘은 인터넷으로 국세청 홈페이지 홈택스를 통해서 제출

하면 된다. 방법이 간편하다고 하지만 용어의 어려움이 있을 수 있다. 그럴 때는 인터넷을 잠시만 검색하면 자세하게 내용을 알 수 있다. 세무서에 전화로 문의하거나 혹은 직접 방문해서 문의하면 대부분 친절하게 잘 설명을 해 준다. 여기서 종합 소득세 신고는 개인이 하는 것이다. 하지만 개척 교회 목사는 단체의 대표이기도 하기 때문에 직원에 대한 지급명세서를 매년 3월에 세무서에 신고해야 하는 두 가지 일이 함께 주어진다.

10장 _ 셀프 인테리어
(무식하면 용감하다)

"하나님이 콕 찍어 주세요"라고 해서 결정된 장소인 영도로 교회 이전을 결정하고 인테리어 구상을 시작했다. 기존 교회가 사용했던 상가 2, 3층을 염두에 두고 진행했다. 하지만 교인도 몇 명되지 않는데 2, 3층 모두 사용하는 것은 무리라 생각해 2층만 임대하는 것으로 계획을 수정했다. 인테리어 구상도 완전히 변경되었다. 인테리어를 구상한다는 것은 상상의 나래를 펼치는 것이고, 꿈을 꾸는 것이니 신나는 일이다. 하지만 상상을 현실로 가지고 오니 비용이 만만치 않았다. 인테리어를 하시는 집사님께서 도움을 주신다고 하여 견적을 내보았지만 우리가 감당하기에 비용이 적지 않았다. 그래서 고민하다가 셀프 인테리어를 하기로 결정했다. 무식하면 용감하다 했던가! 아무것도 모르니 겁 없이 시작할 수 있었다. 다시 하라고 하면, 음…. 다시 해 보고 싶다. 고생으로 배운 것이 많고 더 잘할 수 있을 것 같다.

개척을 시작하면서 여러 교회를 방문했다. 1-2월에 추운 것이 당연하지만 어떤 교회는 교회 밖보다 교회 안이 더 추웠다. 무릎과 코끝이 시린 경험은 처음이었다. 또 들어가는 입구부터 시작해서 교회 안의 분위기가 우중충했는데, 형광등 몇 개는 불이 들어오지 않아 어두웠다. 심지어 퀴퀴한 냄새도 났다.

교회마다 형편이 다르고 가치가 다르지만, 나는 교회가 주님의 품처럼 따뜻하고 포근하며 '선물이다, 축복이다' 하는 마음을 갖게 하고 싶었다. 그렇게 교회 인테리어의 핵심으로 삼았던 것이 "따뜻한 교회"였다.

인테리어를 해야 하는 우리 교회도 여름에는 너무 덥고, 겨울에는 무척이나 추운 곳이였다고 한다. 이제 한 개 층만 사용하는 우리에게 2층과 3층 중에 한 층을 선택해야 했는데, 3층은 기존 본당으로 사용하던 공간이라 비교적 철거 비용 없이 공간만 나누면 되어 공사가 전체적으로 쉬웠다. 반면 2층은 교육관 개념으로 사용하던 곳이라 거의

20년 가까이 된 인테리어와 여러 개의 방으로 나누어진 공간으로 전체 철거 후 인테리어를 진행해야 했다. 쉽게 말해 다 헐고 새로 해야 하니 당연히 비용이 더 들어간다. 여러 가지로 따져 보아도 3층을 선택하는 것이 효율적이었으나 우리는 2층으로 하기로 결정했다. 4층이 원룸이라 층간 소음에 대한 부분도 있고, 5층 건물에 엘리베이터가 없으니 3층보다는 한 층이라도 적게 걸어가는 2층이 좋겠다 생각했다. (그런데 1년 뒤 주인이 엘리베이터 공사를 했다…) 셀프로 공사를 하면서 들었던 생각은 2층으로 선택하길 정말 잘했다는 것이다. 무거운 자제들을 셀프로 옮겨야 했기 때문이다.

| 1. 단열과 방음 |

따뜻한 교회를 만들기 위해서 가장 신경 쓴 것이 바로 단열이다. 보통 공간을 나눌 때, 석고 보드를 사용한다. 그것도 어떤 곳에서는 한 장만 사용하는 경우가 있다. 두 장 이상 겹치면 단가가 올라가기 때문이다. 물론 석고 보드가 양쪽에 한 장씩 설치되기에 두 장이 되지만 주먹이나 발로 차면 금방 구멍이 나고 내구성이 약하다. 그래서 최소 두 장 이상을 겹쳐서 시공하는 것이 좋다. 그래야 양쪽으로 네 장 정도의 석고 보드가 있어서 내구성도 높이고, 방음 효과도 조금은 더 높아진다. 물론 방음 효과를 더 높이기 위해서 우리는 내장 단열제를 추가적으로 사용했다. 특히나 외벽과 맞닿는 부분은 신경을 써서 단열제를 보충했다. 그래야 외부의 냉기와 온기를 잡아 주어 겨울에는 더 따뜻하고, 여름에는 외부의 열이 차단되는 효과가 있기 때문이다. 그리고 교회가 2층이라 외부로 소리가 나갈 수 있어 방음적인 부분도 효과가 있다.

거기에 더해서 단창을 하나 더 설치했다. 건축 당시 설치한 알루미늄 창이 있었지만 바람을 온전히 차단하지 못하고, 소리를 온전히 차단하지 못했다. 그래서 창 쪽에 PVC 창을 추가 설치했다. 단열과 방음을 위한 노력은 여기에서 끝나지 않고, 마감재에서도 단열과 방음을 염두에 두었다. 마감재 중에 가장 비용을 저렴하게 할 수 있는 방법은 합지라 부르는 도배로 시공하는 것이다. 합지의 장점은 비용이 저렴하다는 것이다. 하지만 단점은 유지가 어렵다. 예를 들면 아이들 발자국이 나면 쉽게 지워지지 않는다. 더러운 것이 그대로 남아 있다. 장점도 있지만 단점들을 생각해서 합지를 사용하지 않았다. 예배당 공간과 다른 공간을 구분해서 마감을 했다. 예배당 공간 전면을 아트 보드라고 하는 흡음재를 사용했다. 그리고 강단은 목모 보드라는 나무 느낌의 흡음재를 사용해 무대 느낌의 포인트를 만들었다. 천장은 마이텍스라고 하는 흡음재를 사용했다. 예배 공간 전체가 울림이 거의 없도록 만들었다. 자연스러운 울림이 있으면 좋지만 요즘은 음향 기기의 성능이 좋아져 기계적으로 울림을 보완해서 사용하는 것을 염두에 두고 시공을 했다. 예상대로 음향 세팅을 오신 업체 사장님이 여기는 하울링이 거의 없어서 음향 세팅이 쉽다고 말씀하셨다.

| 2. 전기 공사 |

인테리어 공사 과정도 제대로 숙지하지 않은 초보가 용감하게 공사를 시작했다. 하지만 너무 만만하게 생각해서인지 바로 위기에 봉착했다. 따뜻한 교회를 콘셉트로 하니 단열도 중요하지만 냉난방기의 성능도 중요했다. 기존의 냉난방기를 사용하기 위해서는 먼저 전기를 살펴야 했다. 문제는 두 개 층에서 사용하던 냉난방기를 모두 한 개 층에서 사용하게 되니 모든 냉난방기를 사용하기에는 전력량이 적었다. 그래서 전력량을 늘리는 승압 공사를 하면 3백만 원 정도의 비용이 발생했다. 또 전기 공사는 기존에 있던 위치에 LED 전등만 교체하면 될 것이라 생각했는데 전문가들이 보고는 배선을 전부 새로 교체해야 한다고 했다. 당연히 생각하지도 못했던 비용이었다. 추가 비용이 5백만 원 정도 더 들어가는 상황이 되었다.

늦은 시간 전기 승압과 전기 공사로 시작부터 골치를 앓았다. 전기 공사 견적을 보고 있는데 영도에서 사역하던 친구 목사에게 전화가 왔다. 나는 전기 견적을 보고 있으니 나중에 통화하자고 하고 끊었다. 잠시 후 친구가 현장으로 왔다. 나는 전기 사장님과 이야기 중이었다. 아내가 친구에게 상황을 이야기했다. 전기 사장님이 가시고 친구와 공사를 도와 주시던 집사님 가정과 늦은 저녁을 먹었다. 친구가 아는 집사님 중에 전기 관련 일을 하시는 분이 계신다고 하더니 그분께 연락을 했다. 연락을 받은 집사님이 지금은 일이 있어서 갈 수 없으니 아무 것도 진행하지 말고 내일 현장을 보고 이야기하자고 하셨다.

다음 날 오셔서는 현장을 보시고 한국전력공사에 확인을 하셨다. 이전에 승압했던 것이 있어 그것을 다시 살리는 것은 비용이 들지 않아서 그 정도까지만 승압을 하고, 구형 냉난방기 하나는 처분하고 벽걸이 냉난방기로 교체하면 승압하지 않고도 전력이 충분할 것이라 조언해 주셨다. 그리고 배선 공사는 다시 해야 한다고 하시면서 본인 인건비와 재료비 전부를 섬겨 주시겠다고 하셨다. 첫 번째 위기가 하나님께서 보내신 천사의 손길로 바뀌는 순간이었다. 여기에서 그치지 않고 전기공사를 해주셨던 집사님이 지인에게 연락하셔서 개척 교회 인테리어에 들어가는 전체 조명을 후원받을 수 있도록 도와주셨다.

그분이 이번에는 간판을 후원해 주실 분을 연결해 주셨다. 처음에 간판 견적을 내었더니 내가 예상했던 금액의 두 배 이상이었다. 그래서 포기하고 간단하게 기존에 있던 간판을 천갈이 해서 사용해야 하나 고민하고 있었는데, 이번에는 얼굴 한 번 뵌 적 없는 권사님께서 간판 설치를 위한 헌금을 해 주셔서 예쁜 LED 간판을 할 수 있었다. 하나님의 교회는 내가 만들어 가는 것이 아니라 하나님께서 만들어 가심을 경험한 순간이다.

전기 공사를 할때 사소해서 놓칠 수 있지만 꼭 챙겨야 할 것이 있다. 바로 전기 콘센트의 배치이다. 보통 사방으로 된 공간에 전기 콘센트가 2개, 많으면 모든 벽면으로 4개 정도 설치되어 있다. 그러다 보니 가구나 물건들의 배치에 따라 전기 콘센트가 없는 경우가 있다. 예를 들어 예배당의 경우 악기가 있는 공간과 강단 공간에는 콘센트가 부족한 경우도 있다. 전기 공사를 하기 전에 필요한 콘센트 위치와 개수를 파악해서 공사를 진행하면 실제 사용할 때 콘센트가 없어 연장선을 사용해야 하는 불편함을 덜 수 있고, 벽면 콘센트에 바로 연결해 선을 깔끔하게 정리할 수도 있다. 또 전기는 안전을 위해서 전문가에게 맡겨서 시공하도록 해야 한다.

| 3. 화장실, 주방 공사 |

기존에 있던 화장실은 한 공간에 남자 화장실과 여자 화장실이 함께 있었다. 거기다 천장과 바닥 부분이 뚫려 있어 소리가 너무 잘 들렸다. 그러니 남녀가 함께 화장실을 사용할 때 민망한 상황이 생길 수 있다. 남자는 소변보는 화장실이 베란다 뒤편에도 있었던 반면 여자 화장실은 한 개뿐이라 새로 화장실을 만들면서 여자 화장실을 추가로 한 개 더 만들고, 천장부터 바닥까지 완전 막아서 민망함을 줄이는 화장실을 만들려고 했다. 세 개의 화장실을 만들다 보니 세면대는 화장실 입구 통로에 마련했다. 세면대 위에는 예쁜 거울과 조명을 설치해 파우더룸처럼 연출했다. 여기는 둘째 딸의 포토존이 되었다.

세 개의 화장실 바로 옆에 주방이 있었는데 타일 바닥이 아니었다. 물로 바닥 청소를 할 수 있도록 만들려면 타일 작업을 해야 하는데 비용적인 부담이 생겼다. 상가에 주방을 만드는 것은 비용이 많이 들어가는 공사였다. 화장실 공사와 주방 공사는 비슷한 과정이기에 한 번에 할 수 있다. 공사 과정을 미리 계획해야 공사 일정과 비용을 절감할 수 있었다. 그래서 화장실 공사를 하면서 주방 공사도 같이 진행했다. 하지만 이번에도 고비는 찾아왔다. 바닥 방수를 하고 건조하던 중 새벽 2-3시경에 건물 주인에게서 전화가 왔다. 놀라서 전화를 받았더니 누수로 인해서 화재가 발생했다는 내용이었다. 새벽에 불났다는 전화를 받는데 머리가 하얗고, 심장이 무지막지하게 뛰었다. 다행히 전화기 단자함만 타고 주인이 빨리 발견해 소화기로 진화를 했다.

아침 일찍 가보니 화장실 타일 작업한 어딘가에 누수가 있는 것 같은데 도저히 찾을 수 없었다. 방법은 전부 뜯어내고 다시 공사를 하는 것밖에 없었다. 전기 공사에 이어 누수로 인해 두 번째 위기를 맞이하게 되었다. 설비하는 성도가 있어 물었더니 간단히 해결하는 방법은 우리 층의 기존 수도 설비를 사용하지 않고, 배관을 새로 시공하는 방법이라 말해 주었다. 어려운 것이 아니냐고 물었더니 자기가 퇴근하고 잠시하면 된다며 며칠 만에 해결해 주었다. 이것이 전문가가 있어야 하는 이유이다! 알아야 문제가 해결된다! 이렇게 교회 인테리어가 한 고비 넘어갔다.

교회 공사를 진행하면서 잘 모르는 부분을 모두 선택하고 결정해야한다는 것이 너무 힘들고 스트레스도 엄청났다. 그래서 사전에 많은 정보와 지식을 가지고 공사를 준비하면 선택과 결정에 있어 보다 수월할 것 같다.

| 4. 색상과 밝기 |

따뜻함이 있는 교회, 심플한 느낌을 주는 교회를 만들고자 여러 가지 색상을 사용하지 않았다. 기본 색상은 화이트와 그레이다. 전구는 대부분 매립 등을 사용해 깔끔하게 하고, 로비의 조명색과 예배당의 조명색을 다르게 했다. 따뜻한 느낌을 주도록 로비는 주백색(노란색)의 조명을 사용했다. 교회 조명으로 주백색을 사용한다고 하니 의아해하시는 분도 계셨다. 또 로비를 조금은 과하다 싶을 정도로 조명을 많이 사용했다. 처음 들어오면 주백색의 조명으로 교회가 따뜻한 느낌이 들도록 하기 위해서 였다. 예배당은 기본적으로 백색(하얀색)의 조명을 사용하고, 강대상이 위치하는 쪽에 레일 조명으로 포인트를 주었고, 간접 조명을 조금 사용해서 기도할 때 조도를 낮추어 사용할 수 있도록 했다.

상가 교회들은 대부분 천장이 낮다. 일반적인 상가 천장 높이가 2.2m 에서 2.5m 정도이다. 특별히 공사 때 천장을 손보지 않으면 그대로 진행을 하기 때문에 천장이 낮다. 그런데 강단을 만들면 앞쪽 천장이 상대적으로 더 낮아 보이고 개방감이 약해져 답답한 느낌을 줄 수 있다. 아마 이러한 한계는 상가 교회의 숙명이 아닐까 생각된다.

이 숙명적 약점을 극복하기 위해 우리는 두 가지를 했다.

하나는, 최대한 천장을 높이는 것이다.
철거 과정에서 본당 부분의 3분의 2정도까지 천장을 3.3m로 높였다. 15평 정도의 작은 예배당이지만 천장이 높아서 그렇게 답답해 보이지 않는다.

다른 하나는, 강단을 만들지 않았다.
강단과 성도의 간격이 그렇게 멀지 않았고, 강단이 없음으로 여러 가지 형태로 공간을 사용하는 것이 가능했기 때문이다. 무엇보다 강단을 만들어야 하는 비용도 절감되었다.

또 작은 예배당 공간을 강단 중심으로 세로 형태로 길게 만들지 않고 가로 형태로 넓게 펼쳤다. 세로 형태로 했다면 예배당이 무척이나 작고 갑갑해 보일 수 있는데, 가로 형태로 만들어서 평수보다 크게 보이는 효과도 있다.

예배당 공간이 커 보이도록 하는 또 하나의 장치가 바로 양문이다. 상가 문을 열면 예배당이 바로 시작되는 것이 아니라 로비 공간이 있고 몇 걸음 가야지 본당 문에 다다른다. 작은 교회에서는 한쪽 여닫이나 미닫이 문이면 충분히 출입이 가능하다. 굳이 더 큰 문이 필요하지는 않다. 하지만 우리는 마치 큰 교회나 있을 것 같은 양문을 예배당 문으로 선택했다. 색상도 포인트가 되도록 화이트, 그레이에서 벗어나 네이비로 했다. 철문을 열고 들어오면 네이비색 양문이 제일 먼저 눈에 띈다.

하지만 개척할 때 인테리어에 너무 많은 재정을 사용하면 안 된다. 인테리어 업체에 위탁해 내가 원하는 것들을 이야기하면 다 알아서 해줄 수 있다. 물론 많은 재정이 들어간다. 중요한 것은 인테리어를 아무리 잘해도 상가 교회는 상가 교회다. 개척 교회는 개척 교회다. 사역을 하면서 성도 수가 늘어 교회를 이전해야 하는 경우 인테리어에 든 비용이 아깝고, 임대 계약 만료로 이동해야 하는 경우는 그 비용이 더 아깝다. 개척 교회는 여러 가지 경우들이 생길 수 있기에 개인의 선택이지만 너무 무리하지 않는 정도에서 인테리어하는 것을 고민해야 한다. 이것을 가리켜 소위 최소 비용 최대 효율이라고 해야 할까….

인테리어 체크 사항

1. 인테리어를 통해서 전달하려는 의미를 먼저 정한다.

    (따뜻함, 세련됨, 화려함, 경건함 등)

2. 상가는 단열과 방음이 중요하다.

3. 전기 공사 전에 전기 콘센트 배치도를 미리 그려 본다.

4. 함께 진행할 공정들을 미리 구분한다.

5. 천장을 최대한 높일 것을 추천한다.

6. 포인트를 만든다.

7. 재정 규모를 미리 정한다. (공사가 진행되면 무조건 초과한다.)

리모델링 당시 로비 공간

안쪽 카페 바

엘리베이터 공사로 식당 공간이 없어지면서 카페 바 공간으로 식당 이동

포인트 양문

파우더룸 느낌의 세면대

예배당

11장 _ 아내와 친해지기

부교역자로 사역할 때는 정해진 규칙대로 움직였다. 새벽 기도를 가고, 아침이면 출근을 하고, 저녁이면 퇴근을 한다. 그러다가 개척을 준비하기 위해 사임하고 나서 1-2월은 정말 죽을 맛이었다. 사임하고 새벽 기도 갈 곳이 없었다. 교회 사택으로 사용하던 아파트에 살았지만, 사임하고 나온 교회에 새벽 기도 가는 것은 편하지 않았다. 그렇다고 다른 교회를 가려고 하니 딱히 갈 만한 곳이 없었다. 그래서 거실에서 새벽 기도를 시작했다. 개척을 하면서 적어도 기도는 해야 하지 않을까 하는 생각 때문이었다. 또 나를 지켜보는 아내의 눈빛을 느끼며 새벽마다 일어났다. 자그마한 거실 테이블에 앉아 음악을 틀어놓고 기도하고 있으니 1월의 새벽 거실은 얼음장같이 차기만 했다.

새벽을 지나 아침이 되면 출근할 사무실이 없다. 부교역자를 하는 동안 점심 식사를 집에서 하지 않았다. 대부분 함께 사역하는 동료들과 함께 식사를 했다. 그런데 이제는 삼식이(세끼를 집에서 식사하는 것)가 되었다. 당연히 퇴근도 없다. 개척하고 2개월이 지나면서 이건 개척을 한 건지 백수가 된 것인지 나 스스로 정체성에 혼동이 오는 것 같았다. 나를 불러주는 곳이 없다는 생각, 내가 갈 곳이 없다는 생각이 나를 힘들게 했다.

아내와 24시간 함께 있는 것이 CCTV처럼 나를 지켜보고 있다는 생각에 나의 행동에 약간의 긴장감이 생겼다. 부교역자로 있을 때보다는 아내와 함께하는 시간이 엄청나게 늘었다. 뿐만 아니라 교회를 함께 세워 가야 하기에 항상 의논하고 함께 해야 할 일들이 많았다. 그러니 아내와 친해져야 한다. 사실 친해지기를 넘어서 적극적으로 소통하고 공유해야 한다. 결혼하면서 아내와 많이 다툰 원인은 다름 아닌 소통하고 공유하지 않는 것 때문이었다. 아내는 남편의 담당 부서 이야기를 성도들을 통해서 듣거나, 다른 부교역자 사모님을 통해서 들을 때가 많았다. 말을 많이 하지 않는 성향 탓도 있고, 나의 목회적 생각 때문이기도 했다. 하지만 개척을 하고 보니 상황이 완전히 달랐다. 24시간 함께하는 것은 어느 정도 해결할 수 있었지만, 교회를 세워 가는 부분에 있어서 아내의 도움이 절대적으로 필요한 부분이 많았다. 그런데 소통이 되지 않고 공유가 되지 않아 오는 문제들이 또 하나의 어려움이었다.

그렇게 삐거덕거리면서 개척 6년 차인 지금 우리 부부는 개척 전보다 많이 친해졌다. 최근에 운동을 함께 하자고 제안하는 아내의 말을 따라 운동을 시작했다. 우리 부부가 함께 할 수 있는 운동을 찾아보았다. 너무 과격하지 않은 운동, 균형을 이루는 운동, 날씨에 영향 받지 않는 운동, 그리고 동네 체육 센터에 있는 운동을 고르다 보니 할 수 있는 것이 제한되었다. 그렇게 해서 수영을 하기로 하고 아내와 함께 수영을 등록했다. 아내가 너무 좋아한다. 수영을 배우면서 알았다. 나는 수영이 정말 맞지 않는다는 사실을…. 이렇게 우리는 서로를 향해 한 걸음씩 더 가까워지고 있다. 일주일에 한 번씩 동네를 걸으며 대화하기, 둘이서 카페 가서 이야기하기, 서로 칭찬하기, 서로 감사 나눔하기, 둘만의 여행 가기 등 아내와 친해지기 위한 다양한 노력이 필요하다.

12장 _ 목회는 멘토가 필요해

| 1. 수직적 멘토 |

건강한 목회자가 되기 위해서 정말 필요한 것이 하나 있다. 성경적인 잣대와 가치를 말해 주는 멘토이다. 개척을 하면서 하나님께서 주신 여러 가지 선물들이 있지만 그중에서도 가장 감사한 선물은 특별히 좋은 멘토들을 만나게 하신 것이다. 내가 바라보았던 한국 교회의 모습은 성경에서 말하는 모습과 많이 달라 교회에 대한 시선과 마음이 부정적이었다. 대표적인 것이 재정이다. 헌금하는 것, 절기를 지키는 것이 모두 재정과 연결되어 있다는 생각에 우리 교회는 헌금 봉투 하나만 두고 믿음의 분량대로 헌금하도록 하려 했다. 그것이 바른 것이고, 그것이 성경적이라 생각했다.

그러다 첫 번째 멘토 되시는 목사님 부부와 교제하면서 나의 생각에 전복이 일어났다. 목사님도 30년 전 개척하시면서 헌금 바구니를 없애고 교회 입구에 헌금함을 두었다고 하시면서 처음에는 헌금 바구니를 돌리지 않는 것에 상당한 자부심이 있었다고 하셨다. 하지만 어느 순간 그것이 목사님의 의가 되어 있는 것을 발견하셨다고 하시면서, 나에게도 목사님의 의가 되지 않는지 점검하라는 말씀을 하셨다. 멘토 목사님 말씀대로 내 의를 위한 것이 아니라 성경이 말씀하는 방향과 가치로 바꾸려고 한다.

두 번째 멘토는 가정 교회를 시작하신 목사님이다. 그분이 말씀하신 성경적 교회 회복이라는 문구가 너무 강력하게 다가왔다. 5년 동안 개척을 꿈꾸며 성경적 교회에 대해 고민했는데 이미 그 길을 걸어가고 계시며 메뉴얼까지 만들어 제공하시는 분이 있다는 것이 그저 놀라울 뿐이었다. 최근 내게 개척 교회 목사는 교회를 세워야 한다는 개념에서 삶을 살아 내는 개념이 필요하다 권면해 주셨다. 일상으로교회의 가치가 바로 이것인데, 내가 교회를 세워야 한다는 조바심으로 사역하는 것을 보셨던 것 같다. 멘토 목사님의 말씀은 나의 시선과 방향이 좌로나 우로 치우치지 않도록 도왔다.

세 번째 멘토 목사님을 통해서는 하나님의 마음으로 성경을 들여다보게 되었다. 내가 가지고 있던 판단과 비판과 정죄의 시선보다는 하나님의 성품으로 바라보게 되었다. 그리고 목사님께서 늘 하시는 말씀이 "살았냐 죽었냐"이다. 이 말은 설교를 준비하고, 예배를 인도할 때 늘 되새기게 된다.

"설교가 살았냐 죽었냐."
"예배가 살았냐 죽었냐."
"다음 세대가 살았냐 죽었냐."

| 2. 수평적 멘토 |

독수리 사형제는 20년의 시간 동안 서로의 희노애락을 함께 했다. 공동 개척을 하고 싶었지만 하나님께서는 각자에게 다른 사명을 주셨다. 나는 개척을 했고, 동기 목사님은 담임 목회를 하면서 부부의 갈등, 자녀의 문제, 교회 문제, 성도 문제 등을 함께 모여 나누며 서로에게 멘토가 된다. 서로의 민낯을 보이면서 때로는 치열하게 싸우기도 하고 때로는 끊임없는 지지와 격려로 서로에게 위로가 된다.

우리 부부의 이야기를 할 수 있는 안전한 공동체가 필요하다. 나에게는 독수리 사형제가 그런 공동체이다. 자주 만나서 일상을 나누며 서로에게 멘토와 멘티가 되어 준다.

1장 _ 송구영신, 농구영신

개척을 위해서 12월 마지막 주일에 사임을 하고 31일에 아내와 싸웠다. 이제 막 개척의 첫걸음을 내딛기도 전에 아내와 부부 싸움을 한 이유는 송구영신 예배 때문이었다. 부교역자 때 신년 말씀 카드, 신년 기도 카드, 카운트 다운, 성찬 준비, 어묵 파티, 해맞이, 신년 윷놀이 등 여러 가지 프로그램들로 송구영신 예배를 준비했다. 하지만 개척을 준비하면서 부교역자 때 교회 행사를 해 오던 대로 하는 것에 일종의 저항감 같은 것이 있었다. 그래서 "왜 해야 하지?", "이게 성경적인가?", "본질적인 문제인가?", "왜?"라는 질문을 수없이 많이 했다. "지금 교회가 지키는 절기는 성경적인가?" 하는 질문에 대한 나의 대답은 "그렇지 않다"였다. 당시 나에게는 성도들에게 헌금을 내도록 하기 위한 정도의 의미로 다가왔다. 물론 절기가 주는 유익도 분명히 있다.

하지만 일상으로교회의 정체성이 일상의 예배, 예배의 일상이니 절기를 따로 강조할 필요가 없다고 생각했다. 물론 지금은 부활절과 성탄절 예배를 드린다. 이 절기를 통해서 전도의 기회로 삼기 위해서이다. 하지만 여전히 헌금 봉투는 없다. 나름의 고집이라고 해야 할까? 같은 맥락에서 송구영신 예배도 드리지 않았다. 그리고 12월 31일 밤 11시부터 "농구영신"이라고 해서 농구 경기를 보면서 새해를 맞이하는 행사를 하고 있었다. 나름의 저항이라면 저항이고 의도된 것이라면 의도된 행동으로 나는 방에서 나 혼자 농구영신을 하고 있었다. 하지만 소통이 없고 공유하지 않은 나의 모습은 아내에게 그저 한심하게만 느껴졌나 보다. 나의 모습을 보고는 아내가 자기는 송구영신 예배를 드려야겠다 하면서 유튜브로 예배드리고 있었다. 그렇게 아내는 송구영신 예배로, 나는 농구영신으로 새해를 맞이했다.

그 이후 다양한 방법으로 송구영신 예배를 드렸다. 어느 때는 12월 마지막 주일 예배를 송구영신 예배로 드리기도 했다. 올해 송구영신 예배는 기도하면서 한 해의 마무리와 새해의 시작을 하고 싶다는 마음으로 저녁 8시부터 1시까지 5시간 연속 기도로 진행했다. (그 시간 안에 기도제목 작성 시간, 송구영신 예배의 꽃은 예배 후 뜨끈한 어묵탕이라는 아내의 말에 간식 타임까지 다 포함시켰다.) 몇 명 되지 않는 성도들이지만 함께 모여

한 해의 소망과 성취하길 원하는 소원, 나의 삶과 가정과 생업에 돌파가 일어나기를 원하며 기도했다. 개척을 시작할 때와 지금은 생각에 많은 변화들이 있었다. 하지만 때로는 성도들을 자라게 하고, 세워 가기 위해서 성경 안에서 늘 점검하고 시험하며 도전해야 하는 것 같다.

2장 _ 수술대에 오른 부부

나의 유년 시절은 평범하고 평탄했다. 그러다 내가 중학교 1학년 겨울 방학 때 어머니가 유방암 진단을 받으셨다. 어머니 수술 당일, 병원에 필요한 물건이 있어 나는 아버지와 고모 댁에 다녀왔다. 운전하시던 아버지가 계속 배가 아프다고 하셔서 집에 오셔서 약을 드시고 잠시 쉬셨다. 그렇게 쉬고 계시던 아버지가 심근경색으로 갑자기 돌아가셨다.

더 참담한 것은 아버지가 돌아가신 시간에 어머니는 유방암 수술을 위해서 수술실에 있었다는 사실이다. 남편이 죽었다는 소식으로 수술도 받지 못하고 장례를 치러야 했다. 장례 후 다시 입원하여 수술을 받으신 어머니는 7-8년 정도 지나 내가 대학교 3학년 가을쯤 암이 재발

하였다. 어머니는 암이 온 몸, 심지어 머리로까지 전이되어 돌아가셨다. 어머니가 임종하시기 전 마지막 며칠은 곁에서 지켜보는 것조차 너무 힘들었다.

나에게는 누나가 한 명 있는데, 어머니와 비슷한 나이에 유방암 수술을 받았다. 누나 집은 합천인데 서울에서 유방암 수술을 받고, 부산에 있는 병원에서 항암 치료를 했다. 그렇기에 우리집에서 누나가 항암 치료받는 과정을 다 지켜보면서 간병을 했다.

그런데 2019년 6월 25일 국가건강검진에서 아내가 유방암 진단을 받았다. 요즘 유방암은 완치될 수 있는 질병이라고 말한다. 초기에 발견해서 다행이었지만 나에게는 유방암이 트라우마였다. 그렇기에 개인적으로는 아내의 유방암 진단은 보통 사람들이 받을 수 있는 충격의 2-3배 이상이었다.

개척한 지 얼마 되지 않은 시간이었다. 우리 가정 5명으로 시작해서 이제 겨우 두 가정이 함께한 작은 공동체였다. 그러니 사모의 역할이 얼마나 크고 많겠는가! 개척 교회는 사모가 하는 일이 90%이다. 그런 사모가 아파서 아무것도 할 수 없다고 생각하면 끔찍하다. 나에게는 아내가 유방암 진단을 받은 그날이 6.25 전쟁 같은 그런 날이었다.

아내의 암 진단을 받고 병원 문을 나서며 아내와 내가 동일하게 고백한 것이 있다.

"지금 하나님께서 우리에게 무엇을 전환시켜 가고 계실까?"

"하나님께서 무엇을 만들어 가시려는 걸까?"

그러면서 생각난 말씀이 예레미야 29장 11절 말씀이다.

"너희를 향한 나의 생각을 내가 아나니 평안이요 재앙이 아니라

너희에게 미래와 희망을 주는 것이니라"

일상으로교회와 우리 가정을 위해서 기도해 주시는 동역자들에게 아내의 병을 알리고 기도 요청을 했다. 다들 걱정해 주시고, 염려해 주셨다. 그런데 우리는 오히려 평안했다. 당시 4학년, 6학년이던 딸들이 이렇게 말했다. "엄마가 암에 걸리고 달라진 건 별로 없는데 전화만 많이 와요!" 이 말이 얼마나 감사한지 모른다. 딸들 눈에는 암에 걸린 엄마, 그것을 지켜보는 아빠의 모습이 염려나, 걱정, 혹은 하나님을 향

해 원망하는 것이 아니라 이전과 다름없이 믿음으로 살아 내는 모습으로 보였던 것 같다.

아내는 서울에 있는 병원에서 수술을 받기로 했다. 추가적인 검사를 하고 9월에 수술을 받았다. "개척 교회 사모가 기도해서 병이 나았다는 간증은 있어야지!"라고 말했지만 하나님께서는 그런 은혜는 우리에게 허락하지 않으셨다. 하지만 수술과 회복의 모든 과정을 통해서 하나님의 세밀한 손길을 경험할 수 있었다. 수술 이후 항암 치료와 방사선 치료는 필요 없다는 진단을 받아서 빨리 일상으로 복귀할 수 있었다. 현재도 호르몬 약을 먹고, 정기 검진을 받지만 여전히 건강을 챙기게 하시니 감사하다.

암 수술을 받은 누나가 우리 집에서 항암 치료를 할때, 나와 아내에게 했던 말이 "암 보험 넣어라"였다. 믿음이 좋은 목회자들 중에 몇몇은 목사가 믿음 없어 보험을 넣는다고 이야기한다. 나도 한때 비슷한 생각을 했던 것 같다. 하나님이 당신의 사역자를 책임지시는데 보험이 꼭 필요한가 생각했다. 누나에게 "하나님이 책임지시겠지"라고 했더니 돌아온 대답이 걸작이다.

"너희처럼 없는 사람이 보험 넣어야 한다."

그렇다. 목회자처럼, 그것도 부교역자처럼 가난한 사람이 없기는 하다. 우리는 당시 가정 형편에는 조금 벅차지만 암 보험을 가입했다. 그리고 몇 년 뒤 아내의 유방암 발병으로 보험 진단금을 받게 되었다. 아내가 받은 진단금으로 십일조와 감사 헌금을 했다. 진단금에 대해서 깊게 대화를 나누지는 않았지만 둘 다 교회 장소를 구하면 당연히 그 돈으로 할 것이라 생각했다. 하지만 어디까지나 아내의 보험금이었기에 아내가 어떻게 하든지 아내의 결정을 따라야 할 부분이었다. 어느 날 아내가 집회에 다녀와서 진단금 전액을 헌금하겠다고 했다. 그때 나는 아내에게 "고맙네!"라고 말했다. 아내의 진단금은 지금 교회의 보증금이 되었고, 리모델링 비용이 되었다.

무엇보다 보험금은 개척 교회 목회자 부부의 질병으로 인한 보험금으로 경제적 위기를 피할 수 있었고, 사역을 계속해서 이어 갈 수 있게 해주었다. 사람마다 믿음의 정도가 다르고, 생각의 정도가 다르다. 나의 경우 보험금을 통해서 가정과 교회, 사역을 지킬 수 있었다.

2021년 8월 말 가족 휴가를 갔다. 가족과 함께 일상을 잠시 벗어나 여행이 주는 즐거움을 느끼며 그렇게 휴가도 마무리되는 것 같았다. 휴가를 마치고 돌아오는 아침부터 내가 좀 이상했나 보다. 아내가 계속해서 같은 질문을 해도 "내가 무슨 일인데?"라는 대답을 반복하는 것을 보고 아내가 나의 이상을 발견하게 되었다. 나는 숙소에서 체크아웃을 하고 집으로 온 것, 집에서 병원 응급실로 간 것이 나의 기억에 전혀 남아 있지 않았다.

병원 응급실로 향하면서 아내가 성도들에게 기도 요청을 했다. "목사님 기억이 사라졌어요!" 얼마나 다급했으면 그렇게 기도 요청을 했을까? 나에게 주어진 시간이 기억에서 사라지고 아무것도 기억하지 못하는 일이 내 삶에 일어났다. 기억이 사라진 나의 하루, 검사 결과 병명이 "일과성 완전 기억상실증"이다. 증상이 발병해서 증상이 사라질 때까지 뇌가 그것을 인지하지 못해 기억으로 저장되지 않는 질병이다. 이 질병으로 MRI 검사를 하면서 뇌 왼쪽에 조금 주의해야 할 뇌혈관을 발견했다. 하지만 나는 이 병이 어쩌면 하나님이 더 큰 병을 막게 하신 은혜였다는 생각에 감사했다.

그렇게 진단을 받은 중대뇌동맥 협착증으로 인해 정기적인 병원 진료와 약물 치료를 시작했다. 그 이후 정기 검진을 받고 약을 복용하고 있던 중 2021년 12월 신경과 정기 검진 때, 혈압이 너무 높게 나온다고, 심장내과 진료를 받아 보라고 의사 선생님이 권했다. 기본적인 검사를 받는데 3개월 정도 걸렸다. 2022년 3월 심장내과 검사 결과가 나왔다. "심장 승모 판막 결손"으로 진단을 받았다. "밀알심장재단"의 도움으로 서울 ○○병원을 추천받았다. 3월에 수술해야 한다는 진단을 받고 6월에 수술이 예정되어 있었지만, 나는 수술이 아닌 하나님의 초자연적 치료하심으로 낫고 싶었다. 나아야 할 이유들이 많은 것 같았다. 교회에서 이제 막 시작한 학교 등교 전도, 반스토랑(대학생 반찬 배달) 사역, 고신대 전도 준비 등 많은 사역이 있었다. 그리고 성도들도 양육해야 하는 시기였다.

나는 태어난 지 하루 만에 심장 수술을 받고 그 이후에도 여러 번의 수술을 받았다. 그래서 심장병 진단을 받았을 때 나의 솔직한 마음은 "수술받기 싫다"였다. 더 정확한 속 마음을 들여다보면 어릴 때 받았던 수술 트라우마 같다. 수술을 받지 않고, 고침받아야 할 이유들이 많았다. 그래서 하나님께 기도했다. "하나님! 수술받지 않아야 할 이유들이 너무 많습니다. 그리고 수술하는 것 자체가 어렵다고 하고, 저는 트라우마도 있는데 꼭 수술해야 합니까? 하나님이 고쳐 주시는 것이 가장 간단하고, 쉽고, 가장 안전한 수술 아닙니까?" 이렇게 물었다.

하나님께서 나에게 생각으로 물으셨다.

"네가 왜 꼭 나아야 하지?"

나는 …

"하나님, 그걸 몰라서 물어보세요?

제가 나아서 간증이 되고,

제가 나아서 기도해 주시던 분들에게 기쁨이 되고,

제가 교회 사역도 해야 하고,

제가 트라우마에서 벗어나야 하고….."

그때 하나님이 다시 물으셨다.

"왜 네가 주체가 되어야 해?"

나는 그 순간 아무 말도 할 수 없었다. 그리고 조금 후,

"하나님! 그렇네요! 하나님의 영광을 위해서, 하나님의 교회를 위해

서라고 생각했는데 정작 하나님이 없었네요. 하나님! 수술하는 것이 하나님의 인도하심이면 순종하겠습니다. 하나님을 위해 순종의 걸음을 걷겠습니다."

라고 고백하며 하염없이 울었다.

수술을 위해 입원 했을 때 아내가 "부모도 자녀가 큰 수술을 하면 자녀가 원하는 선물을 해주고 싶은데, 당신은 하나님께 원하는 선물 없어? 아마! 그건 들어 주실거야!"하며 물었다.

사실 생각해 본 적 없는 질문이었다. 아내가 다시 말했다. "지금 차가 필요하니까, 자동차!"

잠시 후 나의 대답은 "하나님! 선물을 주시려면 믿음의 동역자 세 가정만 보내 주세요"였다. 역시 어쩔 수 없는 목사다. 수술 전날 밤 아내와 나눈 나의 고백이 참 좋다. 믿음 좋은 목사로 여겨지기 위해서 이런 대답을 해야지 하는 것이 아니라 정말 일상으로교회를 사랑하고 있었다. 그러면서 한편으로는 '솔로몬도 하나님 마음에 드는 기도 한 방에 최고의 부와 명예를 얻었는데, 나의 이 정도 고백이면 성도들을 끌어

와서라도 앉혀 주셔야 하지 않나?' 하는 착각도 잠시 했다. 하지만 하나님의 생각은 많이 다르셨다.

세 가정을 보내 달라고 했는데, 여러 사정으로 세 가정이 나가게 하셨다. 주여!!

3장 _ 나도 성도하고 싶다

아내는 매주 금요일 목장 모임을 위해 식사 준비를 하고, 주일에도 식사 준비를 한다. 아내는 배려 끝판왕이다. 다른 사람들이 힘들어하지 않을까를 먼저 생각한다. 그래서 사역의 위임을 못 한다. 즉, 부탁을 못한다. 개척 교회 출석하는 성도들에게 개척 교회는 힘들다, 개척 교회는 일해야 된다는 부담을 조금이라도 주기 싫어한다. 이런 아내의 성향 때문에 유방암 수술을 하고 퇴원한 지 2주 정도 지나 목장 모임을 할 때도 아내가 요리를 해서 목장을 섬겼다. 목원들에게 음식 한 가지씩 준비하라고 해도 될 것 같은데, 그게 어려운 사람이다.

그럼에도 육체적인 한계가 있다. 육체적 한계가 영적인 침체로 이어진다. 어느날 아내가 "나도 성도 하고 싶다"라며 힘들어했다. 나는 아내에게 그럼 쉬라고 했지만, 어디 말처럼 쉬어지겠는가.

코로나19가 한창일 때 일상으로교회가 영도에 세워졌다. 그때는 교회들마다 할 수 있는 것이 없었다. 또 육체적으로 영적으로 지치는 시기이기도 했다. 이때가 개척 3년 차였다.

그러다가 코로나19가 심해져 몇 주를 비대면 예배로 드리게 되었다. 예배당에는 우리 가족 5명만 앉아 있었고 성도들은 영상으로 예배를 드렸다. 아내가 사모로서 준비해야 하는 일에서 벗어나 사모가 아닌 성도로 충분히 누림의 시간을 가지게 되었다. 개척 교회 목회자나 사모에게 잠시라도 쉼은 꼭 필요하다.

4장 _ 축복하며 성도를 떠나보낸다고?

(떠나는 성도 대하기)

개척하신 목사님들이 하나같이 하는 말들이 있다. 개척 멤버는 끝까지 가지 않는다는 말이다. 무슨 이유에서건 떠난다. 하지만 나에게는 별로 실감 나지 않는 말이었다. 개척하고 첫 성도 가정, 전도한 첫 가정 모두 5년 동안 자리를 잘 지키고 있었기 때문이다.

개척하고 몇 주가 지나 제자에게 연락이 왔다. "목사님! 개척하신 소식 들었어요. 잠시 부산에 갈 일이 있는데 목사님 교회 가서 예배드려도 될까요?" 당연히 된다고 오라고 했다. 그렇게 우리 가족과 제자 가정이 함께 예배드리고 이런저런 이야기를 나누었다. 그때 제자가 남편 직장 문제로 한 달 정도 부산에 있게 된다고 했는데, 하나님께서는

5년 동안 일상으로 교회 성도로 있게 하셨다.

하지만 코로나19와 출산, 이직 등으로 교회와 점점 멀어지고, 연말에는 교회를 떠나겠다는 말을 했다. 순간 충격이 있었다. 이미 마음의 결정을 내리고 왔기에 설득하고 붙잡을 수는 없었다. 함께 기도해 보자고 말하고 기도의 시간을 가졌다. 그렇게 연말에 성도들이 선물을 준비해서 축복하며 떠나보냈다.

성도들에게 늘 했던 말이 "우리 모두 주님이 말씀하시면 순종하자. 나도 주님이 다른 곳으로 보내시면 떠날 수 있고, 당신들도 떠날 수 있다. 하지만 떠나면서 원수는 되지 말자! 서로 피할 사이는 되지 말자!"였다. 그런데 현실은 소리 소문 없이 떠나는 성도가 있어 목회자 부부의 마음을 너무 아프게 한다.

개척해서 그해 7월에 가정에서 목장 모임이라는 것을 시작하고, 9월쯤 첫 VIP(전도 대상자)로 온 분이 아내 친구와 자녀들이었다. 3년 정도 연락 없이 지내다가 아내가 기도하던 중에 갑자기 떠올라서 연락을 했는데 그 친구도 "요즘 내가 힘든 일이 있었는데 어떻게 알았냐?"라고 신기해 하면서 얼마 전 아내 꿈을 꾸었다고 또 신기해 했다. 아내가 친구에게 목장 모임에 한번 오라고 소개했다. 첫 목장에 오고 그 이후 목장과 주일 예배까지 빠지지 않고 참석했다. 첫 세례 교인이 VIP로 목장에 왔던 아내의 친구이다. 아내의 친구이기도 하고, 같은 아파트에 살아서 정말 가족처럼 지냈다. 늘 하던 말이 "일상으로교회에 다녀서 너무 감사하다"였다. 아내와 성경 공부도 하고, 이혼 위기에 있던 부부 관계에서 회복되어 가는 것을 보면서, 한 사람이 예수를 믿고 가정의 변화와 회복이 있다는 것이 감사했다.

그러다 2023년 3월, 토요일 저녁까지 지역 전도, 학교 전도에 대해서 이야기를 나누고 주일에 보자고 헤어졌다. 주일에 성도 자녀들이 찬양팀인데 오지 않아 연락을 해도 연락이 되지 않았다. 모든 가족이 연락이 되지 않으니 더 걱정이 되었다. 그러다 오후에 아내에게 문자 한 통이 왔다. 그렇게 문자 한 통 남기고 떠나가 버렸다. 일상으로교회를 가족 공동체라고 강조하고, 그렇게 가족으로 섬기려 했는데 '떠나가는 성도들에게는 그냥 교회였구나' 하는 마음에 더욱 힘들었다. 아직도 이 가정을 생각하면 가슴 한쪽이 뻐근하고 시리다. 정말 '진심으로 많이 사랑했구나' 하는 마음이 든다.

5장 _ 관계의 지경 넓히기

(전도)

우리 교회는 부산 영도라는 지역에 있는 교회이다. 지역 교회가 해야 할 것은 지역의 필요를 돌아보는 것과 전도 사역이다. 이전 당시는 코로나19 시기라 주일에 예배드리는 것조차 어려웠다. 그러니 지역 전도는 생각할 수 없었다. 그렇다고 마냥 손을 놓고 있을 수도 없는 노릇이었다.

먼저는 학교 등교 전도를 시작해야지 생각했다. 개척 교회는 일꾼이 없다. 목사와 사모가 모든 일에 앞장서야 한다. 그러니 전도를 계획해도 오롯이 나와 아내의 몫이다. 사실 나는 전도하는 것에 탁월함이 없다. 그즈음 일상으로교회를 영도로 이전하면서 교회 공간을 공유해서 사용하는 것에 대한 생각이 있었다. 그렇게 공유 교회를 시작하게 되었는데, 공유하는 목사님이 이전에 등교 전도를 시작으로 학교 방과 후 수업으로 연계해서 진행하신 경험자였다. 그렇게 2022년 3월부터 지금까지 예배당 공간을 공유해서 사용하는 목사님과 함께 학교 등교 전도를 하고 있다. 전도라고 하지만 "이것 먹고 교회 와라!", "예수님 믿고 천국 가자!", "예수천당 불신지옥"을 외치지는 않는다. 그저 등교 전도 현수막에 "언제나 너의 오늘을 응원해"라는 문구와 맛있는 간식으로 등교하는 학생들을 응원한다.

등교 전도를 한 뒤 일기처럼 적어 놓은 글이 있어 담아 본다.

2023년 4월 4일

등교 전도는 대형 마트를 가는 것부터 시작한다. 지난주 초코파이와 멘토스를 대량으로 사왔다. 이것도 3주 정도면 모두 소진된다. 주일이면 공유하는 흰여울교회 성도들이 매주 포장 작업으로 섬겨 주신다. 그리고 매주 화요일 등교하는 시간에 준비해서 시작한다. 오늘은 정신없이 자고 있다가 "오늘 등교 전도하는 날"이라고 깨우는 아내의 소리에 일어났다. 준비하고 나갔더니 이미 정 목사님이 준비해 두셨다. 목사님 기도로 등교 전도를 시작하는데, 기도하시며 지금 뿌려지는 복음의 씨앗이 삼십 배, 육십 배, 백 배로 열매 맺게 해 달라고… 아멘! 정말 그렇게 되면 좋겠다. 우리 교회로 아이들이 몰려오지 않아도 이 영도 땅에 있는 교회들로 몰려가면 좋겠다. 그렇게 열매 맺으면 좋겠다는 마음으로 "아멘" 했다.

등교 전도를 하면서 고딩들은 이제 철이 좀 들어서인지 감사하다고 연신 인사를 한다. 받아가는 대부분의 학생들이 당연하게 하나 받아 준다는 것이 아니라 이 섬김이 감사하다고 여기는 것 같다. 반면 중딩들은 고마운 마음이 별로 느껴지지 않는다. 고마워하라고 요구할 수 없지만 받는 모습이 '내가 한번 받아 준다' 같은 느낌적 느낌… 그래도 몇몇이 반응이 보인다. 오늘은 중딩 여학생이 밝은 목소리로 "감사합니다" 한마디 한다. 거기서 또 힘이 난다. 아이들보다 어른들이 궁금해한다. 한 분은 지나가다 차를 세우고 "뭐하는 겁니까?"라고 묻는다. 그러더니 본인도 하나 달라고 한다. 또 한 분은 오시더니 "뭐 홍보합니까?" 묻는다. "교회에서 등교하는 아이들 간식 나누어 주면서 응원하는 겁니다"라고 답했더니 "좋은 일합니다" 하고는 가신다. 조금 있다 또 한 분이 묻는다. "어디에서 나왔습니까?, 학원입니까?" "교회에서 나왔습니다" 하면서 동일하게 이야기를 했다. "또 좋은 일 하시네요" 하고 가신다. 아~~ 아이들이 이리 궁금해하고 반응을 보이면 더 좋겠다. ㅎㅎ 어른들의 이 반응도 좋기는 하다. 오늘도 우리는 뿌릴 뿐이다.

등굣길 전도 모습

6장 _ 미라클 헌금

우리 집은 자녀가 3명이다. 어린이날은 3개의 선물을 준비해야 한다. 거기다 첫째 딸과 둘째 딸이 5월 생이다. 그러니 5월은 항상 생일 파티와 선물을 준비한다. 개척을 시작하고 첫 번째 어린이날이 다가올 때였다. '선교지 아이들은 어린이날 어떤 기대와 설렘을 가지고 있을까?'라고 생각하며 선교지의 아이들이 모두 행복하면 좋겠다고 생각했다. 성도들과 나의 생각을 나누고 어린이주일에 선교지 아이들을 위해 성도들의 작정헌금과 교회의 재정을 똑같이 1대1로 하여 세 곳의 선교지에 똑같이 나누어 보낸다. 처음에는 한 곳에 보내다가 조금 늘려서 지금은 선교지 세 곳에 매년 두 번, 5월과 12월에 헌금을 한다. 5월은 어린이날을 생각하며 선교지 아이들에게 헌금을 보내고, 12월은 성탄의 기쁨을 함께 누리고자 선교지 아이들에게 헌금을 보낸다. 그런데 이 미라클 헌금이 보내지는 곳마다 미라클이 되었다.

캄보디아로 매번 보내는 미라클 헌금으로 우물을 5개 파서 가정에서 물을 공급받을 수 있게 되었다. 그 과정을 유튜브로 공유했는데 수십만 뷰를 기록하며 선교 사역에 또 다른 재정 통로가 되었다. 미라클 헌금으로 코로나19 기간에는 20 가정에 긴급 재난지원금을 지원하였고, 어느 한 초등학교 칠판을 교체하기도 했으며, 암흑처럼 캄캄한 마을 도로에 태양광 가로등을 설치하였다.

미얀마로 보내는 미라클 헌금도 군사 쿠데타와 내전으로 힘들어하는 어린 자녀를 둔 주민 수십 명에게 식량을 배급해 주기도 하고, 수백 명의 아이들에게 고기 도시락으로 한 끼를 먹이기도 하고, 학용품과 과자 박스를 아이들에 품에 안겨 주기로 했다.

최근 말라위에 미라클 헌금을 보내었는데 새벽에 선교사님의 문자가 왔다. 청소년부 수련회를 1박 2일로 하자고 이야기했지만 선교사님 통장에 재정이 없어 "아버지 해결해 주세요"라고 기도하며 집에 들어왔는데 일상으로교회 미라클 헌금이 도착해 있었다고 한다. 그래서 1박2일로 계획했던 수련회를 2박 3일로 늘려서 하고, 청소년들에게 푸짐한 식사를 제공할 수 있었다는 이야기를 나누어 주었다. 우리는 작은 물질을 보내었는데 그것이 미라클이 되어 선교사님들의 사역이 더 넓어지고, 마을이 변화되는 것을 보면서 성도들도 함께 기뻐한다.

7장 _ 예배 순서는 어떻게 하지?

목사에게 "예배 순서는 어떻게 해야 하는가?"라고 질문하는 것이 황당할 수 있다. 예배를 위한 준비를 어느 누구보다 많이 하는 사람이 목사다. 또 주보에 너무 잘 나와 있다. 그런데 나는 왜 이런 멍청한 질문을 했을까? 사실 개척을 준비하면서 주보를 만들다가 의문이 들었다.

예배 순서가 맞을까?

예배 순서를 통해서 하나님을 잘 드러낼 수 있을까?

예배 순서를 통해서 예수님의 구원을 직접적으로 느낄 수 있을까?

예배 순서를 통해서 성령님의 임재를 더 강력히 경험할 수 있을까?

무엇보다 이 예배 순서가 성경적일까?

수많은 질문들을 가지게 되었다. 부교역자로 사역하면서 담당했던 청년부의 예배 순서가 있었다. 로고스교회(김기현 목사)의 문답식 예배 순서를 많이 가져와서 사용했다. 그러다 개척하는 시점에 여러 가지 예배학에 관련된 책들을 살펴보았다. 그중에서 역시나 교단 예전예식서가 설명과 실제적인 순서에 대해서 잘 정리되어 있었다.

그렇게 문답식 예배 순서에 교단 예전예식서의 순서의 부분들을 합쳐서 사용했다. 그중에 몇 가지 헷갈리고 몰랐던 부분도 정리가 되었다.

첫 번째는 늘 헷갈리는 '기원'이다.

기원이라고 하니 예배를 인도하는 목사가 하나님께 소원하고 소망하는 것을 아뢰는 형식으로 이해하기 쉬운데 예전예식서에 기원을 "하나님의 인사"로 표현되어 있었다. 이해하기 쉽고, 표현이 너무 좋아서 당장 기원을 하나님의 인사로 바꾸었다.

두 번째는 '사도신경'이다.

대부분의 예배는 사도신경으로 시작한다. 꼭 그렇게 해야 하는지 알았다. 주기도문으로 끝내는 것도 같은 것인 줄 알았다. 예전예식서를 보는데 사도신경의 위치가 설교 후, 성찬 전이다. 설명을 읽으면서 한 방 제대로 맞는 느낌이었다. 설교를 통해 들었던 하나님의 말씀을 내가 믿고 나도 그 하나님을 동일하게 고백하는 것이 바로 사도신경을 통한 신앙 고백이다. 또 성찬의 떡과 잔을 마시는 것이 한 신앙 고백에서 출발한다. 내가 지금까지 몰랐던 것을 새롭게 깨닫는 시간이었다.

3년 정도 그 예배 순서를 따라서 예배를 하다가 예배 순서를 축소시켰다. 많은 순서들이 신학적으로 의미가 있지만 예배 전체가 화석화되고, 살아 있는 예배 같지 않았다. 그래서 어떻게 하면 살아 있는 예배가 될까 고민하면서 최대한 자연스럽게 연결되는 예배를 드리려고 순서들을 축소한 것이다. 여전히 답은 없다. 여전히 찾아가고 있는 중이다. 그리고 여전히 몸부림치고 있다.

개척 초기 예배 순서

하나님의 인사 - (설교자) 하나님 우리 아버지와 주 예수 그리스도 로부터 은혜와 평강이 있기를 원하노라(고전 1:3).

죄의 고백 - (다같이) 여호와여 내 젊은 시절의 죄와 허물을 기억하 지 마시고 주의 인자하심을 따라 주께서 나를 기억하시되 주의 선하 심으로 하옵소서 여호와는 선하시고 정직하시니 그러므로 그의 도 로 죄인들을 교훈하시리로다(시 25:7-8).

은혜의 선언 - (인도자) 만일 우리가 우리 죄를 자백하면 그는 미쁘 시고 의로우사 우리 죄를 사하시며 우리를 모든 불의에서 깨끗하게 하실 것이요(요일 1:9).

감사 - (다같이) 주님께서 나에게 응답하시고, 나에게 구원을 베푸 셨으니, 내가 주님께 감사를 드립니다. 아멘(시 118:2).

인사 - (다같이) 주님의 평화가 여러분과 함께하십니다.

주님의 평화가 목사님과 함께하십니다.

주님의 평화가 당신과도 함께하십니다.

봉헌 고백 - (설교자) 나와 내 백성이 무엇이기에 이처럼 즐거운 마음으로 드릴 힘이 있었나이까 모든 것이 주께로 말미암았사오니 우리가 주의 손에서 받은 것으로 주께 드렸을 뿐이니이다.

기도 - (맡은 이)

말씀 기도 - (설교자) 하나님! 마음의 평안을 전하는 설교자, 담배를 끊으라고 외치는 설교자, 기도하면 더 좋은 직업과 더 멋진 집을 얻을 수 있다고 전하는 설교자가 되지 않게 하소서. 대신 주 우리 하나님의 아름다움을 보고 그것을 전하는 설교자가 되게 하소서! (A.W. 토저의 기도)

우리는 사무엘처럼 기도합니다.

(다같이) 말씀하옵소서. 주의 종이 듣겠나이다. 말씀하옵소서. 주의 종이 듣겠나이다.

말씀하옵소서. 주의 종이 듣겠나이다. 예수님의 이름으로 기도합니다. 아멘(삼상 3:10).

말씀 – (다같이) 봉독

설교 – (설교자)

결단 기도 – (다같이)

사도신경 – (다같이) 나는 전능하신 아버지 하나님, 천지의 창조주를 믿습니다. 나는 그의 유일하신 아들, 우리 주 예수 그리스도를 믿습니다. 그는 성령으로 잉태되어 동정녀 마리아에게서 나시고, 본디오 빌라도에게 고난을 받아 십자가에 못 박혀 죽으시고, 장사된 지 사흘 만에 죽은 자 가운데서 다시 살아나셨으며, 하늘에 오르시어 전능하신 아버지 하나님 우편에 앉아 계시다가, 거기로부터 살아 있는 자와 죽은 자를 심판하러 오십니다. 나는 성령을 믿으며, 거룩한 공교회와 성도의 교제와 죄를 용서받는 것과 몸의 부활과 영생을 믿습니다. 아멘!

축도 – (설교자) 모든 사람과 더불어 화평하게 지내십시오(롬 12:18). 악에게 지지 말고, 선으로 악을 이기십시오(롬 12:21). 예수께서 대답하시되 첫째는 이것이니 이스라엘아 들으라 주 곧 우리 하나님께서는 유일한 주시라 네 마음을 다하고 목숨을 다하고 뜻을 다하고 힘을 다하여 주 너의 하나님을 사랑하라 하신 것이요, 둘째는 이것이니 네 이웃을 네 자신과 같이 사랑하라 하신 것이라 이보다 더 큰 계명이 없느니라(막 12:29-31).

여호와께서는 (○ ○ ○)에게 복을 주시고, (○ ○ ○)를 지키시기를 원하며, 여호와는 그의 얼굴을 비추사 은혜 베푸시기를 원하며, 여호와는 그 얼굴을 (○ ○ ○)에게로 향하여 드사 평강 주시기를 원하노라(민 6:24-26).

주 예수 그리스도의 은혜와 하나님의 사랑과 성령의 교통하심이 너희 무리와 함께 있을 지어다(고후 13:13).

8장 _ 성찬식은 어떻게 하는 거지?

개척을 하면서 성찬식에 대한 고민도 하게 되었다. 지금까지 사역했던 교회들은 매년 3-5번 이내로 성찬식이 있었다. 송구영신 예배와 절기때 정도였다. 성경적인 성찬은 무엇일까? 두 가지 은혜의 방편으로 우리의 귀에 들리는 은혜의 방편인 설교 말씀과 보이는 은혜의 방편인 성찬이 모두 중요하다고 생각했다. 하지만 나는 매주 성찬을 하는 것에 대해서는 자신이 없었다. 왜 그런지 모르겠지만 당시에는 그런 생각이 들었다. 그래서 매달 성찬식을 하기로 했다. 성찬식을 준비하면서 보니 순서부터 진행까지 모든 것이 모호했다. 부교역자 때는 성찬식을 인도할 일은 없었다. 물론 분병, 분잔으로 섬겨 보기는 했지만, 이제는 집례를 해야 하는데 모든 것이 처음이었다. 어떻게 해야 할까 생각하다가 성찬에 관련된 책들을 읽기 시작했다. 그리고 신학교에서 배웠던 교수님의 책, 『개혁교의학』, 『교단 헌법』, 『예전 예식서』를 참고했다. 놀라운 것은 교단 헌법책과 예전 예식서에 설명이 너무나도 잘 되어 있다는 것이었다. 부교역자로 사역을 하는 동안에는 이런 책들을 들여다볼 일이 없었다. 유치부, 초등부, 청소년부, 청년부 사역에는 필요 없는 책들이라 생각했다. 하지만 개척을 하거나 교회를 담임하게 되면 제일 먼저 손이 가야 할 책들이다. 잘 정리된 책들의 도움으로 성찬식 예식문을 만들었다.

성찬식 예식문

우리의 주인이신 예수님은 우리의 죄를 사하시기 위해 십자가에서 단번에 그의 몸과 피를 주셨을 뿐 아니라, 영원한 삶으로의 영양 공급으로서 우리에게 그것을 주시기를 원하십니다.

고린도전서 11장 20-29절을 봉독

20 그런즉 너희가 함께 모여서 주의 만찬을 먹을 수 없으니 21 이는 먹을 때에 각각 자기의 만찬을 먼저 갖다 먹으므로 어떤 사람은 시장하고 어떤 사람은 취함이라 22 너희가 먹고 마실 집이 없느냐

너희가 하나님의 교회를 업신여기고 빈궁한 자들을 부끄럽게 하느냐 내가 너희에게 무슨 말을 하랴 너희를 칭찬하랴 이것으로 칭찬하지 않노라 23 내가 너희에게 전한 것은 주께 받은 것이니 곧 주 예수께서 잡히시던 밤에 떡을 가지사 24 축사하시고 떼어 이르시되 이것은 너희를 위하는 내 몸이니 이것을 행하여 나를 기념하라 하시고 25 식후에 또한 그와 같이 잔을 가지시고 이르시되 이 잔은 내 피로 세운 새 언약이니 이것을 행하여 마실 때마다 나를 기념하라 하셨으니 26 너희가 이 떡을 먹으며 이 잔을 마실 때마다 주의 죽으심을 그가 오실 때까지 전하는 것이니라 27 그러므로 누구든 지 주의 떡이나 잔을 합당하지 않게 먹고 마시는 자는 주의 몸과 피에 대하여 죄를 짓는 것이니라 28 사람이 자기를 살피고 그 후에야 이 떡을 먹고 이 잔을 마실지니 29 주의 몸을 분별하지 못하고 먹고 마시는 자는 자기의 죄를 먹고 마시는 것이니라

권면

우리가 우리의 신앙을 강화시킬 목적으로 성찬에 참예하려면 먼저 우리 자신을 성경에 비추어 살펴야 합니다. 또한 우리는 성찬을 주 그리스도께서 의도하셨던 대로 예수님을 기념하기 위해 사용해야 합니다.

자기를 살피는 것은

첫째, 우리 각자는 자신의 모든 죄를 생각하면서 하나님의 진노를 받아야 마땅함을 알아야 합니다. 이 죄 때문에 자신을 미워하고 하나님 앞에서 겸허해야 합니다. 죄에 대한 하나님의 진노는 이처럼 엄청나기 때문에 하나님께서는 그 죄를 처벌하지 않은 상태로 두기보다는 당신의 사랑하는 아들 예수 그리스도가 괴롭고 고통스러운 십자가의 죽음으로 대신 벌받게 하셨습니다.

둘째, 우리는 모든 죄가 오직 그리스도의 고난과 죽음 때문에 용서받았고, 그리스도의 의가 자신에게 이처럼 완전하게 전가되고 선물로 주어졌기 때문에 이는 마치 자신이 스스로 모든 죄를 갚고 모든 의를 다 이룬 것과 같다는 하나님의 확고한 약속들을 믿는지 살펴야 합니다.

셋째, 자기를 살피는 이 일은 각자가 감사함으로 전 생애 동안에 주 하나님을 섬기며 그 앞에서 정직하게 행하기를 작정하는지 자기 스스로 질문할 것을 요구합니다. 또 그는 모든 마음의 적대감, 시기, 질투를 벗어 버리고 이웃과도 앞으로는 사랑과 화평 중에서 살기를 엄숙하게 서원하는 시간이 되어야 합니다. 이런 마음의 자세를 가진 모든 이들을 하나님께서는 의심의 여지없이 은혜로 용납하실 것이며 하나님의 아들 예수 그리스도의 성찬 상에 앉을 것을 허락하실 것입니다. 그리스도와 사도 바울의 명령을 따라서 부끄러운 죄가운데 살고 있는 자들에게 우리는 성찬에 참여하지 말 것을 권하며 그들이 그리스도의 나라에 차지할 자리가 없음을 선언합니다. 그러나 사랑하는 형제 자매들이여, 오직 하나의 범죄도 없는 자만이 주님의 성찬에 나아갈 수 있는 것인 양, 심령이 찔려 있는 자들에게도 모든 용기를 빼앗는 식으로 우리에게 제시된 것은 아닙니다. 우리가 스스로 완전하며 의롭다는 것을 자랑할 목적으로 성찬에 나아가지는 않습니다. 우리는 우리의 생명을 우리 밖에 있는 예수 그리스도 안에서 찾기 때문에 우리는 죽은 상태에 있다는 것을 밝힐 뿐입니다.

구약에서 믿음의 조상들에게 주어진 약속들을 따라서 우리 주 예수 그리스도는 이 세상으로 아버지의 파송을 받았고 그는 우리의 육과 피를 입으셨습니다. 그는 당신의 지상 생애 처음부터 마지막까지 우리가 영원토록 곤두박질칠 수밖에 없는 하나님의 진노를 우리 대신하여 지셨습니다.

이렇게 그는 특히 우리의 모든 죄와 하나님의 진노의 짐이 당신을 겟세마네 동산에서 피땀을 흘리게 할 때에도 순종 가운데서 하나님의 법의 모든 의를 우리 대신하여 이루셨습니다.

그곳에서 그는 우리를 자유롭게 하시려고 당신 자신을 묶이게 하셨습니다. 그 후에 그는 치욕을 당하셨는데, 이로써 우리는 하나님 앞에서 방면되었습니다. 우리를 향하여 내려진 기소 행위를 십자가에 못 박아 없이 하기 위하여 그는 십자가에 달렸습니다. 이 모든 일로써 그는 우리 위에 들리워진 저주를 스스로 지시사 우리로 하여금 당신의 축복으로 충만하게 하셨습니다. 지옥의 가장 비천한 버림과 공포를 당하시면서 그는 당신의 몸과 영혼을 십자가 나무에다 매달게 하셨습니다. 그때 그는 "나의 하나님 나의 하나님 어찌하여 나를 버리시나이까"하고 외치셨는데, 이로써 우리는 하나님의 용납을 받으며 결단코 버림을 받지 않게 하시려고 하셨습니다. 그는 죽음과 피흘림과 "다 이루었다"라고 외치심으로 새 언약, 곧 은혜와 화해의 언약에 영원한 법적 근거를 제공하셨습니다. 우리가 이 은혜언약에 속했다는 것은 우리로 하여금 확실하게 믿게 하시려고 주 예수님은 마지막 만찬에서 떡 한 조각을 취하시고 축사하신 뒤에 그것을 떼어 제자들에게 주시면서 "이것은 너희를 위한 나의 몸이니 이것을 행하여 나를 기념하라"라고 말씀하셨습니다. 마찬가지로 떡이 끝난 다음에 그는 잔을 가지시고, "이 잔은 내 피로 세운 새 언약이니 이것을 행하여 마실 때마다 나를 기념하라"라고 말씀하셨습니다.

요한복음 6장 48-63절을 봉독

[48] 내가 곧 생명의 떡이로다 [49] 너희 조상들은 광야에서 만나를 먹었어도 죽었거니와 [50] 이는 하늘에서 내려오는 떡이니 사람으로 하여금 먹고 죽지 아니하게 하는 것이니라 [51] 나는 하늘에서 내려온 살아 있는 떡이니 사람이 이 떡을 먹으면 영생하리라 내가 줄 떡은 곧 세상의 생명을 위한 내 살이니라 하시니라 [52] 그러므로 유대인들이 서로 다투어 이르되 이 사람이 어찌 능히 자기 살을 우리에게 주어 먹게 하겠느냐 [53] 예수께서 이르시되 내가 진실로 진실로 너희에게 이르노니 인자의 살을 먹지 아니하고 인자의 피를 마시지 아니하면 너희 속에 생명이 없느니라 [54] 내 살을 먹고 내 피를 마시는 자는 영생을 가졌고 마지막 날에 내가 그를 다시 살리리니 [55] 내 살은 참된 양식이요 내 피는 참된 음료로다 [56] 내 살을 먹고 내 피를 마시는 자는 내 안에 거하고 나도 그의 안에 거하나니 [57] 살아 계신 아버지께서 나를 보내시매 내가 아버지로 말미암아 사는 것 같이 나를 먹는 그 사람도 나로 말미암아 살리라 [58] 이것은 하늘에서 내려온 떡이니 조상들이 먹고도 죽은 그것과 같지 아니하여 이 떡을 먹는 자는 영원히 살리라 [59] 이 말씀은 예수께서 가버나움 회당에서 가르치실 때에 하셨느니라 [60] 제자 중 여럿이 듣고 말하되

이 말씀은 어렵도다 누가 들을 수 있느냐 한대 [61] 예수께서 스스로 제자들이 이 말씀에 대하여 수근거리는 줄 아시고 이르시되 이 말이 너희에게 걸림이 되느냐 [62] 그러면 너희는 인자가 이전에 있던 곳으로 올라가는 것을 본다면 어떻게 하겠느냐 [63] 살리는 것은 영이니 육은 무익하니라 내가 너희에게 이른 말은 영이요 생명이라

사도신경
(이제는 만대의 교회와 더불어 우리의 마음과 입으로 우리의 신앙을 고백합니다.)

목사 : 나는 전능하신 아버지 하나님, 천지의 창조주를 믿습니다.

성도 : 나는 그의 유일하신 아들,

　　　우리 주 예수 그리스도를 믿습니다.

목사 : 그는 성령으로 잉태되어 동정녀 마리아에게서 나시고

성도 : 본디오 빌라도에게 고난을 받아 십자가에 못 박혀 죽으시고

목사 : 장사된 지 사흘 만에 죽은 자 가운데서 다시 살아나셨으며

성도 : 하늘에 오르시어

　　　전능하신 아버지 하나님 우편에 앉아 계시다가

목사 : 거기로부터 살아 있는 자와 죽은 자를 심판하러 오십니다.

성도 : 나는 성령을 믿으며, 거룩한 공교회와 성도의 교제와

다같이 : 죄를 용서받는 것과 몸의 부활과 영생을 믿습니다. 아멘.

주기도문

하늘에 계신 우리 아버지, 아버지의 이름을 거룩하게 하시며, 아버지의 나라가 오게 하시며, 아버지의 뜻이 하늘에서와 같이 땅에서도 이루어지게 하소서. 오늘 우리에게 일용할 양식을 주시고, 우리가 우리에게 잘못한 사람을 용서하여 준 것같이 우리 죄를 용서하여 주시고, 우리를 시험에 빠지지 않게 하시고, 악에서 구하소서. 나라와 권능과 영광이 영원히 아버지의 것입니다. 아멘.

초청

참된 하늘의 떡인 그리스도로 자라기 위하여 떡과 포도주라는 표만 바라볼 것이 아니라 하늘에서 하나님의 우편에 서서 우리를 변호하시는 예수 그리스도를 바라봅시다. 우리가 거룩한 떡과 거룩한 음료를 받아 그를 기념할 때, 우리는 성령의 사역을 통하여 예수의 몸과 피로써 우리 영혼이 자라게 되며 힘을 얻는다는 것을 확실히 믿읍시다.

분병

우리가 찢는 이 떡은 그리스도의 몸과 연합입니다. 받아 먹어, 우리 주 예수 그리스도의 몸이 우리 죄를 위한 완전한 속죄물로 드려졌음을 기억하고 믿으십시오.

분잔

우리가 감사를 표하는 이 감사의 잔은 그리스도의 피와의 연합입니다. 모두가 받아 마시고, 우리 주 예수 그리스도의 보혈은 우리 모든 죄를 위한 완전한 속죄물로 드려졌음을 기억하고 믿으십시오.

감사의 기도

자비로우신 하나님 아버지! 당신께서는 한없이 자비로우셔서 독생자 아들을 우리 죄를 위한 중보자와 속죄물로, 또 영생의 식물과 음료로 주셨음을 진심으로 감사드립니다. 또 이 좋은 은혜를 소유하도록 우리에게 참신앙을 주시니 감사합니다. 하나님께서는 우리 신앙을 강화시키시려고 사랑하는 아들 예수 그리스도가 성찬을 제정토록 하셨습니다. 신실하신 하나님 아버지, 당신의 성령의 역사를 통하여 성찬 예식의 열매가 있게 하시고, 날마다 참신앙과 그리스도와의 교제에서 자라게 하시기를 기도합니다. 당신의 아들 예수 그리스도의 이름으로 간절히 기도합니다. 아멘!

9장 _ 세례는 어떻게 주는 거지?

나는 세례는 어떻게 주는 건가에 대한 고민과 긴장보다는 세례식을 진행해 가는 것 자체에 대한 긴장감이 더 컸다. 한 번도 해 보지 않았던 것을 이제 막 시작하면서 오는 그 서툼과 떨림의 시간이었다. 세례식의 순서는 예식서의 순서도 부교역자 때 본 것과 별반 다르지 않다. 하지만 성도가 몇 명 되지 않으니 지금까지 봐 왔던 것처럼 담당자들을 정하고 알아서 할 수 있는 상황은 아니었다. 그래도 모두가 기뻐하는 천국잔치와 같은 세례가 되면 좋겠다는 마음으로 준비했다. 그렇게 몇 명 되지 않는 성도, 심지어 아이들까지 총동원했다. 세례기 수종은 전도한 사람이 담당하는 것으로 했다. 전도를 "한 영혼을 잉태하는 것"이라 한다.

그러니 자신이 전도한 사람이 세례를 받는 것은 마치 나의 영적인 자녀를 출산하는 것 같은 특별한 시간이지 않을까? 그렇기에 세례기 수종을 통해서 전도한 사람이 함께 참여하고 함께 감격을 누릴 수 있을 것이라 생각했다. 또 세례자에게는 신앙 고백을 하는 간증 시간을 주었다. 이 시간을 통해서 세례자의 온전한 신앙 고백이 있는 시간이 되었고, 주님의 몸 된 교회의 회원 됨을 확증하는 시간이 되었다.

그렇게 준비한 첫 세례식! 그 첫 세례식의 긴장과 떨림을 적어 둔 그날의 글이다.

2019년 5월 긴장과 떨림

오늘 교회를 개척하고 첫 세례식이 있었다. 어제부터 세례식을 준비하기 위해서 이것 저것 분주했다. 그러면서 많은 생각들이 스쳐 간다. 사역을 시작하고 첫 설교 때, 목사 안수 받고 첫 축도 때, 교회를 개척하고 첫 예배를 인도 할 때, 그때 떨림과 기대와 설렘을 가지고 오늘 첫 세례식을 했다. 세례를 받는 성도도 처음! 세례를 주는 목사도 처음! 거기다 성도들이 전부 동원된 세례식이다. 누구는 사진을, 누구는 반주를, 누구는 축하 꽃을, 누구는 세례기 수종을, 누구는 축복송을. 한 사람도 소외되지 않고 모두 동원된 시간이다. 특히나 세례기 수종을 아내가 했다. 아내가 전도하고 세례기 수종으로 세례식을 참여하는 마음이 마치 잉태의 시간을 지나 해산하는 것 같은 그런 마음이지 않을까 생각된다.

설교 전에 신앙 고백을 하는 간증 시간이 있었다. 간증을 통해서 하나님이 자신을 얼마나 사랑하시고, 지금까지 붙잡고 계셨는지 고백하는 것을 들었다. 본인의 기억 속에는 어릴 때 한두 번 교회 갔다고 생각했는데 간증을 준비하면서 우연히 앨범을 보니 어릴 때 1년 이상 교회를 다녔단다. 그때 기억을 전혀 못 하고 있다가 며칠 전에 알고는 그때 이후로 하나님이 지금까지 기다리셨다 생각하니 더 감사가 나온단다…(할렐루야~~) 다른 성도는 세례받는 성도를 위해서 축하한다고 멋진 화분을 사왔다. 왜 사왔냐고, 교회에서 꽃이랑 준비했다고 하니까 그렇게 하고 싶단다. 이런 마음이 있는 행복한 교회여서 감사하다.

세 례 식

초청 - ○○○

제정의 말씀 및 교훈 (마태복음 28장 18-20절)

"18 예수께서 나아와 말씀하여 이르시되 하늘과 땅의 모든 권세를 내게 주셨으니 19 그러므로 너희는 가서 모든 민족을 제자로 삼아 아버지와 아들과 성령의 이름으로 세례를 베풀고 20 내가 너희에게 분부한 모든 것을 가르쳐 지키게 하라 볼지어다 내가 세상 끝날까지 너희와 항상 함께 있으리라 하시니라."

세례는 주 예수 그리스도의 명령입니다.

우리는 그리스도의 명령을 따라서 아버지와 아들과 성령의 이름으로 세례를 받습니다. 아버지의 이름으로 세례를 받을 때 아버지는 우리의 아버지가 되시며 우리를 자기 자녀로 삼으실 것을 약속하고 보장해 주십니다. 아들의 이름으로 세례를 받을 때 아들은 자기의 피로 우리 죄를 용서하실 것을 약속하고 보장해 주십니다. 성령의 이름으로 세례를 받을 때 성령은 우리와 항상 함께하실 것을 약속하시고 보장해 주십니다.

서약

문1 : 그대는 자신이 하나님 앞에 죄인인 줄 알며 당연히 그의 진노를 받아야 할 사람이지만 하나님의 크신 자비에 의하여 구원을 얻는 길 외에 소망이 없는 자인 것을 인식합니까?

답 : 예.

문2 : 그대는 주 예수 그리스도가 하나님의 아들이심과 죄인의 구주이심을 믿으며 복음에 말한 바와 같이 구원하실 이는 오직 예수 그리스도 한 분뿐인 줄 알아 그를 영접하고 그에게만 의지하기로 작정합니까?

답 : 예.

문3 : 그대는 지금 성령의 은혜만을 의지하고 그리스도를 좇는 자가 되어 모든 죄를 버리고 그의 가르침과 모범을 따라서 살기로 작정합니까?

답 : 예.

문4 : 그대는 이제부터 교회의 관할과 치리에 복종하고 성결과 화평을 이루도록 노력하기로 작정합니까?

답 : 예.

세례

예수를 구주로 믿는 하나님의 자녀 ○○○에게 내가 성부와 성자와 성령의 이름으로 세례를 주노라. 아멘.

감사 기도

전능하시고 자비로우신 하나님 아버지, 주께서 우리와 우리 자녀에게 사랑하시는 아들 예수 그리스도의 피로 우리 모든 죄를 용서하시고 주의 성령을 통하여 독생자의 지체로 삼으시고 주의 자녀로 삼아주심을 감사하고 찬송합니다. 이 사실을 세례를 통하여 인치시고 확증하여 주심을 감사하옵나이다. ○○○ 씨를 주의 성령으로 계속 다스려 주시어 ○○○ 씨가 믿음과 하나님을 경외하는 가운데 양육 받게 해 주시고 주 예수 그리스도 안에서 자라고 성장하게 하옵소서. 주께서 ○○○ 씨와 우리 모두에게 보이셨던 아버지와 같은 선하심과 자비하심을 ○○○ 씨도 깨닫고 고백하게 하옵소서. ○○○ 씨가 우리의 유일한 선생이시고 왕이시고 대제사장이신 예수 그리스도 아래에서 순종하며 살게 하시며, 죄와 마귀와 그의 모든 통치에 대해서는 용감하게 싸우고 승리하게 하옵소서. 예수 그리스도의 이름으로 기도드립니다. 아멘.

공포

○○○ 씨는 대한예수교장로회 일상으로교회의 세례 교인 된 것을 성부와 성자와 성령의 이름으로 공포하노라. 아멘.

입교식

초청 - ○○○

권면

네가 만일 네 입으로 예수를 주로 시인하며 또 하나님께서 그를 죽은 자 가운데서 살리신 것을 네 마음에 믿으면 구원을 받으리라. 사람이 마음으로 믿어 의에 이르고 입으로 시인하여 구원에 이르느니라(롬 10:9-10).

유아 시에 세례를 받고 교회 안에서 믿음으로 자라고 양육 받았고, 이제 성년이 되어 자기 입으로 신앙을 고백하여 주의 상에 참여하는 권리를 얻기 위해 하나님과 하나님의 거룩한 교회 앞에 서 있습니다. 따라서 다음의 질문에 진실한 마음으로 하나님과 교회 앞에서 서약해 주기를 바랍니다.

서약

문1 : 그대는 어렸을 때 부모의 신앙 고백과 서약으로 세례를 받았으므로 이제는 그 고백과 서약을 여러분 자신의 것으로 삼고 성실히 지키기로 맹세합니까?

답 : 예.

문2 : 그대는 자신이 하나님 앞에 죄인인 줄 알며 당연히 그의 진노를 받아야 할 사람이지만 하나님의 크신 자비에 의하여 구원을 얻는 길 외에 소망이 없는 자인 것을 인식합니까?

답 : 예.

문3 : 그대는 주 예수 그리스도가 하나님의 아들이심과 죄인의 구주이심을 믿으며 복음에 말한 바와 같이 구원하실 이는 오직 예수 그리스도 한 분뿐인 줄 알아 그를 영접하고 그에게만 의지하기로 작정합니까?

답 : 예.

문4 : 그대는 지금 성령의 은혜만을 의지하고 그리스도를 좇는 자가 되어 모든 죄를 버리고 그의 가르침과 모범을 따라서 살기로 작정합니까?

답 : 예.

문5 : 그대는 이제부터 교회의 관할과 치리에 복종하고 성결과 화
평을 이루도록 노력하기로 작정합니까?

답 : 예.

감사 기도

전능하시고 자비로우신 하나님 아버지, 주께서 우리와 우리 자녀
에게 사랑하시는 아들 예수 그리스도의 피로 우리 모든 죄를 용서
하시고 주의 성령을 통하여 독생자의 지체로 삼으시고 주의 자녀
로 삼아 주심을 감사하고 찬송합니다. 오늘 유아 시에 세례를 받
고 교회 안에서 자라면서 신앙 양육을 받다가 이제 성년이 되어 자
기의 입으로 신앙을 고백하는 ○○○ 씨에게 복 주셔서 주의 성
령으로 계속 다스려 주시어 믿음에 굳게 서도록 하옵소서. ○○
○ 씨가 우리와 동일한 하나님의 은혜와 사랑을 고백하게 하시
며 우리의 유일한 선생이시고 왕이시고 대제사장이신 예수 그리
스도 아래에서 순종하며 살게 하시며, 죄와 마귀와 그의 모든 통
치에 대해서는 용감하게 싸우고 승리하게 하시옵소서. 그리하여

○○○ 씨가 주님과 주님의 아들 예수 그리스도와 성령을, 오직 유일하고 참되신 하나님만을 영원히 찬양하고 높이게 하옵소서. 예수 그리스도의 이름으로 기도합니다. 아멘.

공포

○○○ 씨는 대한예수교장로회 일상으로교회의 입교인 된 것을 성부와 성자와 성령의 이름으로 공포하노라. 아멘.

10장 _ 유아 세례는 어떻게 주는 거지?

장로 교단은 유아 세례를 시행한다. 우리 교회 첫 성도가 임신을 하고 출산을 해서 첫 유아 세례식을 하게 되었다. 유아 세례식을 어떻게 하면 좋을까? 계속되는 처음 속에 끝없는 물음들의 연속이었다. 그러다 동기 목사에게 목사님은 유아 세례 교육과 유아 세례식을 어떻게 하냐고 질문을 했다. 돌아온 대답은 놀라웠다. 방금 유아 세례 교육을 하고 돌아오는 길이라고 신기해하며 대화를 이어 갔다. 성도가 임신을 해서 입덧이 덜해지는 때부터 목회자가 집으로 찾아가 부모들과 유아 세례 교육을 시작한다고 했다. 이때 "영원한 언약"이라는 유아 세례 해설서를 주교재로 사용해서 부모가 먼저 책을 읽으면 목회자가 함께 그 부분을 나누면서 태아가 언약 백성으로 얼마나 중요한지 설명하고 교육해서 아이가 교회를 처음 오는 날 바로 유아 세례식을 한다고 했다. 그러한 이유는 언약 백성으로 인침을 최대한 빨리 받게 하기 위해서라고 설명했다. 아이의 부모에게 유아 세례를 받는 의미를 더 명확히 해주고 싶어서 자녀를 주신 것에 대해서 50가지 감사를 찾으라고 하고, 자녀를 언약 백성으로 양육하기 위한 신앙 고백을 적어 오도록 했다. 부모들은 감사를 찾으면서 육아의 스트레스가 감사로 바뀌고, 신앙 고백을 정리하면서 자녀를 어떻게 신앙으로 양육할지 다시 생각하는 시간이었다고 했다. 또 자녀의 첫돌이 중요해서 일가친척과 지인들까지 초대해서 축하를 하는 것도 중요하지만, 언약 백성 됨이 더 중요하다고 설명하고 양가 부모님이 오셔서 축하하도록 권면했다. 그렇게 유아 세례식날 대전에 계시는 증조할머니와 양가 부모님들 모두 참석하셔서 축하하는 기쁜 날이 되었다.

나아가 유아 세례를 받는 자녀의 부모만이 자녀를 언약 백성으로 양육할 것을 고백하는 시간일 뿐만 아니라, 성도들이 이 아이의 부모가 되어서 함께 언약 백성으로 양육할 것을 다짐하고 고백하도록 선서하게 하고, 설교를 통해서도 교육했다. 유아 세례를 축하하며 작은 선물을 준비하라고 했는데 축하 꽃과 여러 가지 손수 만들어 온 예쁜 케이크까지 돌잔치보다 더 풍성한 유아 세례식이 되었다.

유아 세례식 예식문

초청

유아 세례는 이 아이가 하나님이 하나님의 언약의 자녀임으로 믿고 베푸는 성례입니다. 부모는 이 예식의 의미를 아이에게 가르치며 신앙으로 양육하여야 하고 성도들도 증인으로서 이 아이를 축복하고 기도와 사랑으로 도와야 합니다.

부모 신앙 고백

집례자 : 하나님께서는 세상의 많은 사람들 중에서 여러분을 부르시고, 그분의 공동체 안으로 초대하셨습니다. 이 시간 하나님 앞과 많은 증인들 앞에서 자녀를 향한 신앙을 고백하는 시간을 갖도록 하겠습니다.

부모 : 하나님, 저희 가정에 귀한 생명을 보내 주셔서 감사합니다. 이 자녀가 우리의 자녀이기에 앞서, 하나님의 거룩한 백성임을 우리는 고백합니다. 이 자녀가 믿음 안에서 바른 신앙을

가지고 성장할 수 있도록 우리는 최선을 다하여 양육하겠습니다. 부모 된 저희가 이 자녀를 키우면서 성경에서 보여 주신 하나님의 마음을 깨달아 알 수 있도록 해 주시고, 이 자녀는 저희를 통해서 하나님의 크신 사랑을 느끼며, 우리의 가정 안에서 하나님 나라를 맛보며 살아갈 수 있게 하옵소서. 오늘의 이 은혜와 축복을 주심에 감사드리며, 믿음 안에서 세워지는 부모가 되도록 노력하겠습니다.

부모 문답

집례자 : 그럼 이제 유아 세례를 받는 어린이의 부모에게 문답하도록 하겠습니다. 오른손을 들고 제가 묻는 것에 "예"라고 답해 주시기 바랍니다.

문 : 여러분은 품에 안긴 이 자녀가 하나님 앞에 죄인인 줄 알며 그의 크신 자비하심에서 구원 얻는 것 외에 소망이 없는 줄로 믿습니까?

답 : 예.

문 : 여러분은 이 자녀를 믿음 안에서 양육하며, 이 자녀가 성장하여 믿음 안에서 하나님을 자신의 구주로 고백할 수 있을 때까지 성실한 자세로 이 자녀를 양육할 것을 서약합니까?

답 : 예.

문 : 여러분은 성령의 은혜만을 의지하고 그리스도를 따르는 자가 되며, 모든 죄악을 버리고 그의 가르침과 본을 따라 살며, 그 안에서 부모로서의 책임과 역할을 다할 것을 서약합니까?

답 : 예.

회중 문답

집례자 : 손을 내리십시오. 이제 이번에는 이 어린이를 일상으로교회 유아 세례 교인으로 받아들이기 위해 우리 모든 성도들에게 제가 묻겠습니다. 모든 성도들은 자리에서 일어나셔서 오른손을 들고 제가 묻는 것에 "예"라고 답해 주시기 바랍니다.

문 : 여러분은 하나님의 사랑으로 이 아이를 권면하며, 이 아이가 하나님의 자녀로서 믿음 안에서 살아갈 수 있도록 기도하며 중보하는 자가 되기로 서약합니까?

답 : 예.

문 : 여러분은 이 아이가 부모들이 이 아이를 잘 양육할 수 있도록 도우며, 함께 부모 된 역할과 책임을 가지고 이 아이를 믿음 안에서 권면하며 지도할 것을 서약합니까?

답 : 예.

세례식

집례자 : 오늘 유아 세례를 받기 원하는 이 아이는 부모들의 신앙고백을 따라 여러분 앞에서 우리 모두가 한 가족임을 확인하는 세례를 받겠습니다. 유아 세례는 하나님께서 아브라함에게 언약하신 할례의 전통을 이어가는 것이며, 예수님께서 친히 어린아이를 품에 안으시고 안수하시며 축복하신 것을 통해 오늘 우리 자녀들이 믿음 안에서 자라며,

성령의 은혜와 도우심 가운데 양육될 것을 고백하는 것입니다. 세
례를 받을 수 있도록 앞으로 나오시기 바랍니다.

"하나님의 언약의 ○○○에게 내가 성부와 성자와 성령의 이름으로
세례를 주노라. 아멘."

감사 기도

전능하시고 자비로우신 하나님 아버지, 주께서 우리와 우리 자녀에
게 사랑하시는 아들 예수 그리스도의 피로 우리 모든 죄를 용서하
시고 주의 성령을 통하여 독생자의 지체로 삼으시고 주의 자녀로
삼아 주심을 감사하고 찬송합니다. 이 사실을 세례를 통하여 인치
시고 확증하여 주시니 감사합니다. 이 아이를 주의 성령으로 계속
다스려 주시고 이 아이가 믿음과 하나님을 경외하는 가운데 양육되
게 해 주시고, 주 예수 그리스도 안에서 자라고 성장하게 하옵소서.
주께서 이 아이와 우리 모두에게 보이셨던 아버지와 같은 선하심과
자비하심을 이 아이로 하여금 깨닫고 고백하게 하옵소서. 이 아이
가 우리의 유일한 선생이시고 왕이시고 대제사장이신 예수 그리스
도 아래에서 순종하며 살게 하시며, 죄와 마귀와 그의 모든 통치에
대해서는 용감하게 싸우고 승리하게 하옵소서. 그리하여 이 아이가

주님과 주님의 아들 예수 그리스도와 성령을, 오직 유일하고 참되신 하나님만을 영원히 찬양하고 높이게 하옵소서. 예수 그리스도의 이름으로 기도합니다. 아멘.

선포

집례자 : 오늘 유아 세례를 받은 ○○○은 대한예수교장로회 일상
　　　　으로교회의 유아 세례 교인 된 것을 공포하노라. 아멘.

하나님의 축복이 이 자녀와 그 부모님에게 함께하길 축원합니다.

축복의 찬양

야곱의 축복

감사 나눔

50가지 감사 나눔

11장 _ 주일학교는 어떻게 할까?

개척 초기에는 유초등부 예배를 먼저 드리고 장년 예배를 했다. 학생은 유치부 1명, 초등부 3명이었다. 아내가 찬양 율동을 하고, 내가 말씀을 전했다. 말씀은 주일 장년 설교 본문과 같았다. 같은 본문으로 말씀을 듣고 나눌 수 있도록 하기 위해서였다. 교사는 전교인이었다. 율동은 아내가, 반주는 첫째 딸이, 보조는 성도들이 맡았다. 코로나19 이후 주일학교를 2년 가까이 쉬었다. 그동안 유초등부는 어린이 목장, 중고등부는 청소년 목장을 만들었다. 주일 점심 식사 후 사택에서 유초등부와 중고등부 모임을 가진다. 성도가 인도하는 어린이 목장으로 성경을 읽고 성경 활동을 한다. 또 주중 목장 모임 때 어린이들을 축복하는 "올리브 블레싱" 시간이 있다. 자녀들이 한 주간의 부모님께 감사했던 것과 하나님께 감사한 것을 나눈다. 그리고 한 주간 기도해야 할 기도 제목을 나눈다. 때로는 부모님을 향해 들어주길 바라는 기도 제목들이 나오기도 한다. 이 모임을 통해 아이들은 기도하면 하나님이 응답해 주시는 것을 알게 되고 믿게 된다.

청소년 목장은 주일 점심 식사 후 자기들끼리 모인다. 재미난 게임을 준비한다. 언젠가 중학교 2학년 형제도 자매들과 "무궁화꽃이 피었습니다" 놀이를 하고 있다. 놀라운 일이다. 그렇게 게임으로 마음을 열고 감사 나눔과 기도 제목 나눔을 한다. 청소년 목장은 한 달에 한 번 자기들이 계획해서 밖에 나가 놀기도 한다. 아이스 스케이트도 타고, 영화도 보고, 즉석사진도 찍으며 공동체를 이루어 간다. 그렇게 주일학교는 즐겁고 신나고 재미있는 곳이 되어 간다.

12장 _ 교세 보고서가 뭐야?

개척을 하는 분 중에 행정을 잘 모르는 목사들이 의외로 많이 있다. 나도 비슷했다. 내가 맡은 부서만 하다 보니 어찌 보면 당연한 것이기도 하다. 개척하고 다음 해 2019년 2월에 총회로부터 연락받은 공지를 보고 잠시 어리둥절했다. 2월 말까지 "교세 보고서"를 제출하라는 내용이었다. 당시 교세 보고서가 뭔지도 몰랐다. 그런 업무를 한 적이 없었기 때문이다. 하지만 개척을 하고 혼자서 모든 행정을 처리해야 하니 당연히 내 몫이었다.

교세 보고서는 말 그대로 우리 교회의 교세가 어떤지 노회에 보고하는 보고서다. 원입 교인과 세례 교인을 구분하고, 교단 선교사 후원과 기타 후원을 구분하고, 한 해 결산 보고를 함께 해야 한다. 여기서 문제가 있었다. 결산 보고라는 것을 하지 않고 개척 첫 해를 마무리했다는 것이다. 사실 결산 회계를 해 줄 사람이 없었고 보자고 하는 사람도 없었다. 겨우 매주 헌금 기입을 하는 것이 전부였다. 그러다 1년치 수입, 지출, 헌금 등의 결산을 해야 했다. 며칠 동안 그것을 맞추는 게 힘들었다. 나 같은 경우에는 평소 치밀하게 기록하는 사람이 못 되어 더욱 힘들었다. 머리를 부여잡고 어떤 항목으로 지출된 것인지 찾아야 했다. 처음 하는 것이라 시간도 많이 걸렸다.

그 후로 통장의 입출금 내역에 항목이 그대로 남는 것이 아니면 일일이 메모를 하는 습관을 가지게 되었다. 교단마다 차이는 있겠지만 교세 보고서가 존재한다. 교회 공간을 함께 공유하고 있는 통합 교단 목사님께 물으니 통합 교단은 전산으로 입력하게 되어 있다고 한다. 그래도 기본적인 자료들은 작성을 해야 전산으로 입력할 수 있기에 준비를 해야 한다.

최근에 몇 년 동안 교세 보고서를 작성한 것을 우연히 보게 되었다. 숫자로 나타나는 하나님의 일하심과 인도하심이 있었다. 개척을 하고 몇 년이 지나 교세 보고서를 보면서 하나님의 손길을 느낀다. 하나님께서 지금까지 인도해 오신 것이 얼마나 감사한지 다시금 고백하게 되었다. 교세 보고서 작성 중에 은혜 받고 감사가 터져 나왔다. 그래서인지 찬송가 가사 한 구절이 생각난다.

"받은 복을 세어 보아라 크신 복을 네가 알리라."

역시 계수해 보는 것에서 오는 은혜도 있다!

에필로그

여전히 ing

3월 4일이 교회 설립 6주년이다. 하지만 기념 주일도, 축하 순서도 없이 그냥 지나갔다. 돌아보면 설립을 기념한 적이 한 번도 없다. 일상이 기념이고 기념이 일상이라고 생각해서일까? SNS가 알려 주지 않았으면 6주년이라는 사실도 모르고 지나가지 않았을까?

개척을 시작하면서 성경적 교회, 초대 교회와 같은 교회를 꿈꾸며 시작한 설교 본문이 누가복음이었다. 그리고 6년 만에 누가복음 설교를 다시 시작했다. 몇 주 전 설교 본문이 누가복음 5장, 예수님이 갈릴리에서 제자들을 부르시는 장면이다. 그때 그물을 씻고 있던 어부들, 사실 밤새도록 수고하고도 아무것도 잡지 못하고 빈손으로 돌아와서 빈 그물만 씻고 있던 어부들…. 그렇게 빈 그물만 씻고 있는 그들의 모습이 꼭 나 같았다. 꼭 우리 교회 같았다.

6년의 결과물이 무엇이 있을까? 자립된 재정이 있나? 여전히 후원으로 살고 있다. 교인수의 부흥이 있나? 여전히 적은 수가 모이고 있다. 교회 건물을 세웠나? 임대 공간일 뿐이다.

그럼 6년 동안 무엇을 했을까? 많은 것을 시도하고, 부딪혀 보고, 실패하고, 좌절하고, 아파하고, 기뻐하기도 하는 수많은 시간이 있었다. 분명히 아무것도 하지 않은 것은 아니다. 그런데도 밤새 아무것도 잡은 것이 없는 어부들처럼 여전히 빈 그물만 올리고 있다.

하지만 오늘도 예배를 이어 가고, 기도를 이어 가고, 모임을 이어 가고, 전도를 이어 간다. 나의 일상의 자리, 일상의 삶을 여전히 살아가고 있다. 포기하지 않고 끝까지 버티어 인내하고 있다.

수많은 목회자들이 빈 그물만 올리는 시간 속에서 자책하고, 스스로 정죄한다. 때로는 나의 부족함 때문에 빈 그물만 올릴 때가 있다. 하지만 많은 경우 하나님의 때, 하나님의 타이밍을 위해서 밤새도록 갈릴리의 물고기들을 숨기시고, 막으신다. 하나님의 열심으로 이루어 가시는 시간이다.

이것이 나에게 주신 하나님의 위로의 마음이다. 그러면서 자책하거나 나 자신을 정죄하지 말고, 여전히 알 수 없지만 포기하지 말고 인내하면서, 하나님의 때, 그분의 타이밍을 기다리며 하나님의 마음을 배워 가게 하신다.

하나님의 부르심에 순종해서 개척의 길을 시작하려는 동역자들, 하나님의 부르심에 순종해서 개척의 길을 가고 있는 동역자들…. 빈 그물을 올리며 힘이 빠지지만, 그래서 눈물이 나고 허탈함과 먹먹함에 눈시울이 붉어지지만, 여전히 나와 교회를 붙잡고 계신 주님을 바라보자. 그 주님을 보며 오늘도 그물을 내리는 삶의 현장으로 함께 발걸음을 옮겨 가기를 그것이 나의 일상이 되기를 기도해 본다.